Oldenbourg Interpretationen

Herausgegeben von
Bernhard Sowinski und Reinhard Meurer

begründet von
Rupert Hirschenauer (†) und Albrecht Weber

Band 42

Theodor Storm

Der Schimmelreiter

Interpretation von
Klaus Hildebrandt

Oldenbourg

Zitiert wird nach der Reclam-Ausgabe der Novelle „Der Schimmelreiter“, UB 6015 (2). Die Zahlen in runden Klammern verweisen auf die entsprechenden Seiten.

CIP-Titelaufnahme der Deutschen Bibliothek

Hildebrandt, Klaus:
Theodor Storm, Der Schimmelreiter: Interpretation / von Klaus Hildebrandt. — 1. Aufl. — München: Oldenbourg, 1990
(Oldenbourg-Interpretationen ; Bd. 42)
ISBN 3-486-88641-X
NE: GT

1. Auflage 1990
Unveränderter Nachdruck 94
Die letzte Ziffer bezeichnet lediglich das Jahr des Drucks.

Lektorat: Ruth Bornefeld
Herstellung: Karina Hack
Umschlaggestaltung: Klaus Hentschke
Gesamtherstellung: R. Oldenbourg, Graph. Betriebe GmbH, München

ISBN: 3-486-**88641**-X

Inhalt

1 Vorwort: Theodor Storm und sein „Schimmelreiter“: 1888 — heute

Vor etwas mehr als 100 Jahren, im Frühjahr 1888, erschien *Der Schimmelreiter* als Vorabdruck in der *Deutschen Rundschau.* Am 4. Juli starb der Dichter; die Buchausgabe seiner Novelle (Herbst 1888 im Verlag der Brüder Paetel in Berlin) erlebte er nicht mehr. Gerade dieses letzte Werk war es, das sich mit dem Namen seines Verfassers aufs engste verband.

Der Schimmelreiter wurde im Laufe der Jahre zu einer der bekanntesten deutschen Novellen. Zahlreiche Ausgaben stellen das unter Beweis. Bis heute hält sich dieses Werk im Lektüre-Kanon deutscher Schulen; es gibt etliche preisgünstige Editionen bekannter Verlage, die auf eine große Nachfrage schließen lassen.

Das in den vergangenen Jahren gewachsene Interesse an Storm und seinem volkstümlichsten Werk dokumentieren aber vor allem einige Bücher, die in jüngster Zeit erschienen sind. Einige spiegeln die Schullektüre der Novelle *Der Schimmelreiter* wider, denn ihre Verfasser (z. B. Gesine Jaugey, Gerd Eversberg und Walter Zimorski) wollen in erster Linie Unterrichtshilfen bieten bzw. Schüler und Studenten mit Informationen versorgen. Andere Bücher (zu nennen sind u. a. die Publikationen von Paul Barz und Winfried Freund) enthalten Umfassenderes und Grundsätzlicheres über den nordfriesischen Dichter und sein umfangreichstes Werk. Die wesentlichsten Erläuterungen und Quellen veröffentlichte Karl Ernst Laage zusammen mit dem Text der berühmten Novelle. Das erkennbare Interesse an Storm hat viele Gründe. Der Dichter fand als großer Erzähler des 19. Jahrhunderts erneut Beachtung. In besonderem Maße erkannte man, daß er seit etwa 1880 gleichsam gegen den Zeitgeist schrieb. Seine letzte Novelle kann als Beweis für dieses Phänomen dienen. Als *Der Schimmelreiter* 1888 erschien, regte sich in einer von Industrie und sozialen Fragen geprägten Welt literarisch Neues. Max Kretzer publizierte mit *Meister Timpe* einen Roman der Berliner Gründerzeit, und Karl Bleibtreu griff mit seinem psychologischen Roman *Größenwahn* aktuelle Probleme der Großstadt auf. Ein Jahr später gelang Gerhart Hauptmann mit *Vor Sonnenaufgang* — von seinem Verfasser „soziales Drama“ genannt – sein Durchbruch als Bühnenautor. Der Naturalismus trat damit auch in Deutschland seinen Siegeszug an. Storm blieb, mit dieser „modernen“ Strömung verglichen, als Vertreter des Poetischen Realismus dem Traditionellen verhaftet.

In den vergangenen Jahren fand die hohe Erzählkunst des Husumers neue Anerkennung. Auf lebhaftes Interesse stieß dabei die Gestalt eines Dichters der Gründerzeit, der vermeintlich in einer Welt des Umbruchs das Alte standhaft bewahrte. Zur Wiederbegegnung mit dem jahrelang weniger beachteten Verfasser trug nicht unerheblich bei, daß sich zugleich das Geschichtsinteresse auf das Gebiet der Regionalgeschichte verlagerte, die bislang weitgehend der Heimatforschung vorbehalten war. Storms *Schimmelreiter*, das „Nationalepos der Nordfriesen“ (Paul Barz), bot solcher Zuwendung wichtigen Stoff. Die vorhandene Popularität dieser Novelle bezeugen – neben der Lektüre und zahlreichen Veröffentlichungen in der Sekundärliteratur – auch die erneuten Verfilmungen in den letzten Jahren. 1978 wurde *Der Schimmelreiter* in der Bundesrepublik Deutschland verfilmt (Regie: Alfred Weidenmann), 1983/84 in der Deutschen Demokratischen Republik (Regie: Klaus Gendries). Hier zeigte sich, daß Theodor Storms Werk ein gesamtdeutsches Erbe war und in beiden Teilen Deutschlands auch noch 100 Jahre nach seinem Tod Aufmerksamkeit genoß. Dabei entgingen der Norddeutsche und sein Schaffen weitgehend der Gefahr, einseitig gedeutet zu werden; nach der Wiedervereinigung zeigte sich deutlich, daß Storms Bild durch die jahrzehntelange Trennung der Deutschen keinen bleibenden Schaden genommen hatte.

2
Storm und die Novelle

Wie kein anderer deutscher Dichter des 19. Jahrhunderts wandte sich Theodor Storm im Rahmen seines erzählerischen Schaffens e i n e r Gattung zu; er wurde zum Verfasser von nahezu 60 Novellen. In Theorie und Praxis vollendete er auf diesem Gebiet das im 18. Jahrhundert in der deutschen Literatur Begonnene.

Ein Autor, der Novellen schreibt, muß die Theorie dieser anspruchsvollen Dichtungsform kennen. Zumindest zwei Definitionen gehörten zum festen Bestandteil des poetologischen Wissens. Johann Wolfgang Goethe (1749–1832) nannte die Novelle in einem Gespräch mit Johann Peter Eckermann „eine sich ereignete unerhörte Begebenheit“[1]. Ludwig Tieck (1773–1853) betrachtete einen unerwarteten Wendepunkt als das wichtigste Merkmal der Novelle. Er schrieb:

> Bizarr, eigensinnig, phantastisch, leicht witzig, geschwätzig und sich ganz in Darstellung auch von Nebensachen verlierend, tragisch wie komisch, tiefsinnig und neckisch, alle diese Farben und Charaktere läßt die echte Novelle zu, nur wird sie immer jenen sonderbaren auffallenden Wendepunkt haben, der sie von allen anderen Gattungen der Erzählung unterscheidet?

Zu diesen weithin anerkannten Theorien gesellte sich eine weitere. Storms Freund Paul Heyse (1830–1914), selber Verfasser etlicher Novellen, bot in der Einleitung des von ihm und Hermann Kurz (1813–1873) herausgegebenen Buches *Deutscher Novellenschatz* (24 Bände, 1871 ff.) seine „Falkentheorie“, die sich insbesondere auf Boccaccios „Falkenerzählung“ in seinem *Decamerone* (9. Novelle des 5. Tages) stützt. Heyse schrieb:

> Denn wie sehr auch die kleinste Form großer Wirkungen fähig sei, beweist unseres Erachtens gerade die Novelle, die im Gegensatz zum Roman den Eindruck eben so verdichtet, auf Einen Punkt sammelt, und dadurch zur höchsten Gewalt zu steigern vermag, wie es der Ballade, dem Epos gegenüber, vergönnt ist, mit einem raschen Schlage uns das innerste Herz zu treffen. [...] eine so einfache Form wird sich nicht für jedes Thema unseres vielbrüchigen modernen Culturlebens finden lassen. Gleichwohl aber könnte es nicht schaden, wenn der Erzähler auch bei dem innerlichsten oder reichsten Stoff sich zuerst fragen wollte, wo „der Falke“ sei, das Specifische, das diese Geschichte von tausend anderen unterscheidet.[3]

Theodor Storm lehnte diese „Falkentheorie" offenbar ab. Diese Tatsache deuten jedenfalls Bemerkungen in einem Brief an Gottfried Keller (1819–1890) vom 13. September 1883 an:

> Als Vorfeier [zum 66. Geburtstag am nächsten Tage] schreib ich heute diesen Brief an Sie und habe meine neue Arbeit *Grieshuus* oder *Zur Chronik von Grieshuus*, die gestern bis zu einem ersten Ruhepunkt geführt wurde, beiseite gelegt. Ob es was wird, steht noch dahin; den Boccaccioschen Falken laß ich unbekümmert fliegen und verliere mich romantisch zwischen Wald und Heidekraut vergangener Zeiten.[4]

Storms eigener Beitrag zur Novellentheorie ging in starkem Maße aus der eigenen literarischen Praxis hervor. Da der junge Mann am Beginn seines Schaffens Gedichte schrieb, lag es nahe, daß seine ersten Novellen (1849 stand *Immensee* am Anfang einer Reihe bedeutender Erzählungen dieser Art) ebenfalls vom Gefühl geprägt waren. Der „frühe" Storm hob die Verwandtschaft seiner Novellen mit seiner Lyrik hervor:

> Meine Novellistik hat sich aus der Lyrik entwickelt und lieferte zunächst nur einzelne Stimmungsbilder oder solche einzelne Szenen, wo dem Verfasser der darzustellende Vorgang einen besonderen Keim zu poetischer Darstellung zu enthalten schien; andeutungsweise eingewebte Verbindungsglieder geben dem Leser die Möglichkeit, sich ein größeres, geschlossenes Ganzes, ein ganzes Menschenschicksal mit der bewegenden Ursache und seinem Verlauf bis zum Schlusse vorzustellen. (Aus einem Brief an Erich Schmidt vom 1. März 1882).[5]

In dieselbe Richtung geht die Äußerung Storms, ein Novellist müsse „zu einer vollkommen lyrischen Produktion im Charakter und der Stimmung seiner eigenen Gestalten" fähig sein[6]. Im Vorwort zu dem Band *Sommergeschichten und Lieder* kann man eine ergänzende Information finden: „Um das Wesen dieser Geschichten zu bezeichnen, hätte ich ‚Situationen' schreiben müssen."[7] Den Begriff „Situation" übernahm Storm, wie er selbst angab, aus Georg Gervinus' Literaturgeschichte, wo es von der Novelle heißt, sie sei

> wesentlich Situation und als solche geeignet, der großen Gattung subordinierter Konversationspoesie, dem Roman, der sich im Gleise des modernen sozialen Lebens bewege, eine poetische Seite abzugewin-

> nen durch Beschränkung und Isolierung auf einzelne Momente von poetischem Interesse, die sich auch im dürftigsten Alltagsleben finden.[8]

Theodor Storms Novellenschaffen löste sich allmählich von den Kennzeichen der ersten großen Arbeitsphase. Er selbst betrachtete als den eigentlichen Wendepunkt *Draußen im Heidedorf* (1872). An Emil Kuh schrieb er: „Da ist ein neuer Ton [...], ‚ein ganz neuer Storm' darin."[9] In dieser Bauerngeschichte – keiner Erzählung aus dem Bürgertum – verzichtete der Dichter auf Stimmungsmalerei und bemühte sich um erzählerische Sachlichkeit. Er selbst war davon überzeugt, der epischen Objektivität einen entscheidenden Schritt nähergekommen zu sein. Er wollte nicht von einer „vom Verfasser a priori herzugebrachten Stimmung" ausgehen; sie sollte sich vielmehr aufgrund der „vorgetragenen Tatsachen von selbst beim Lesen" entwickeln.[10] Seinen Grundsätzen blieb der Verfasser treu; zur lyrischen Novelle kehrte er nicht zurück. Die Wende in seinem Schaffen führte ihn vielmehr zu weiteren „theoretischen Gedanken über das Wesen der Novelle"[11]. Szenen sollten sich um den Hauptpunkt, den novellistischen Konflikt, gruppieren.

Mit diesen Forderungen war die Nähe zum Drama gegeben. Der „späte" Storm sah eindeutig Parallelen zu dieser literarischen Gattung. Berühmt wurde eine Äußerung aus dem Jahre 1881. Mit der Vorrede zum elften Band seiner *Gesammelten Werke*, die er später zurückzog, reagierte Storm auf das Gerücht, der Ägyptologe und Schriftsteller Georg Ebers (1837–98) habe sich im Vorwort zu seiner kleinen Erzählung *Eine Frage* geringschätzig über die Gattung „Novelle" geäußert.[12] (Der vollständige Text der Vorrede befindet sich im Kapitel „Materialien" des vorliegenden Buches). Die Novelle als die „Schwester des Dramas": Diese Äußerung Storms wurde zum festen Bestandteil der Novellentheorie des späten 19. Jahrhunderts. Storms Werke der letzten Schaffensphase zeigen, daß der Autor das Gemeinte auch in die Praxis umzusetzen vermochte.

Eine letzte Steigerung seines Novellenschaffens in Richtung Objektivität und Dramatik brachten Storms „historische" Novellen, an deren Beginn *Aquis submersus* (1876), *Renate* (1878) und *Eekenhof* (1879) standen. Der Dichter befaßte sich nun eingehend mit Quellen. Seine künstlerische Aufgabe sah er im Anordnen und der Wiedergabe des Stoffes. Besonders in den gerade erwähnten Chroniknovellen bediente er sich des archaisierenden Sprachstils. Auch die Rahmentechnik war ein Mittel, den Blick rückwärts zu lenken und die Gegenwart mit der Vergangenheit zu verknüpfen. In diesem Sinne war Theodor Storm ein Sproß der zweiten Hälfte des 19. Jahrhunderts, in der sich viele mit Erfolg darum bemühten, ein Gefühl für die Vergangenheit zu entwickeln. Mit Recht meinte Hartmut Vinçon, Storm habe vor allem deswegen auf historische Stoffe zurückgegriffen, weil „der gesellschaftliche Zerfall des Bildungsbürgertums für seine eigenen Vertreter keine Zukunftsperspektive mehr zuließ“[13]. Andererseits nimmt Vinçon Storms Bemühungen nicht ganz ernst, wenn er abschätzig urteilt, der Dichter habe „über die sinnlich erfahrbaren gesellschaftlichen Ereignisse bloß den Himmel einiger Historizität“ gespannt[14].

Intensiv war Theodor Storm darum bemüht, Vergangenes zu erhellen und dem Leser menschliche Schicksale vor Augen zu führen. *Der Schimmelreiter* stand am Ende einer Reihe mehr oder minder historischer Novellen und stellt zugleich ihren Höhepunkt dar.

3 Theodor Storms letzte Lebens- und Schaffensphase (1880-1888)

Das Jahr 1880 bedeutete einen tiefen Einschnitt im Leben Storms. Mit der ersehnten Pensionierung (1. Mai) war es dem Dichter möglich, Husum endgültig zu verlassen und sich in ländlicher Stille ganz der literarischen Tätigkeit zuzuwenden. Seine „Altersvilla" ließ er sich in Hademarschen bauen; bis zu deren Fertigstellung (Ende April 1881) lebte er mit der Familie in einer Mietwohnung im neuen Wohnort.
Verhältnismäßig rasch wurde der alternde Dichter mit der neuen Umgebung vertraut. Das Ehepaar Storm befreundete sich mit mehreren Familien Hademarschens. Es gehörte damals zum gesellschaftlichen Leben, daß man alle vierzehn Tage zusammentraf. Elfriede H. Jürgensen berichtet:

> Es wurde einfach Tee mit Kuchen gereicht; freilich, der Punsch [...] durfte nie fehlen. Wer Besuch im Hause hatte, brachte ihn mit; es war ein durchaus zwangloses Zusammensein, bei dem auch musiziert und gelesen wurde. Storm hatte eine Vorliebe, [...] Schauergeschichten vorzulesen, oder auch solche, die einen mystischen Hintergrund hatten. Es bereitete ihm Vergnügen, wenn er bemerkte, daß uns dabei gelegentlich mal eine Gänsehaut über den Rücken lief[15].

Gesellig verlief das Leben Storms – trotz aller Bemühungen um mehr Ruhe – auch sonst gelegentlich. 1881 war Paul Heyse, aus München kommend, in der „Altersvilla" zu Gast. 1883 kam der Literarhistoriker Erich Schmidt (1853–1913) auf Besuch. Auch Reisen gehörten zum neuen Lebensabschnitt des Dichters. Oft fuhr Storm nach Toftlund zu seinem Sohn Ernst. Im Winter weilte er immer für einige Tage in Husum. 1883 traf er in Hamburg mit Paul Heyse zusammen. Auch Kiel und Heiligenhafen, wo seine verheiratete Tochter Lisbeth lebte, gehörten zu den Reisezielen des Dichters. — 1884, kurz nach Vollendung von *Zur Chronik von Grieshuus*, reiste Storm nach Berlin. Während des vierwöchigen Aufenthaltes traf er mit Bekannten und Freunden zusammen, u. a. mit Theodor Fontane und Heinrich Seidel. Die Berliner Presse lud anläßlich des Besuches zu einem Bankett im „Englischen Haus"; dort traf der Husumer seinen Kieler Studienfreund Theodor Mommsen wieder. — Nach seiner Rückkehr nach Hademarschen trug er sich mit dem Gedanken, seine „Altersvilla" zu verlassen und nach Kiel, Lübeck, Hamburg oder erneut nach Husum zu ziehen. Schließlich blieb er aber doch in ländlicher Stille. – Reisen unternahm er auch weiterhin. 1886 fuhr er nach Weimar, wo seine Tochter Elsabe die Musikhochschule besuchen sollte. In Weimar wurde er vom Herzog zu einer Audienz geladen. Seine Distanz zum Adel demonstrierte er dadurch, daß er keinen Zylinder, sondern einen Schlapphut aufsetzte. Zeitlebens war Storm ein überzeugter Angehöriger des Bürgertums. So mag er sich, als er die Reise in Braunschweig unterbrach, im Hause des Verlegers Georg Westermann wohler gefühlt haben als bei Hofe, und in gleichem Maße war das wohl der Fall, als er mit Wilhelm Raabe zusammentraf.

Ende 1886 erkrankte Theodor Storm schwer. Ludwig Pietsch schrieb er, er habe das „Vertrauen zum Leben verloren".[16] Der frühe Tod des Sohnes Hans (im Dezember 1886) trug erheblich dazu bei, das physische und psychische Tief des Erkrankten zu verstärken. Anfang 1887 verfiel der Dichter in tiefe Depressionen, als ihm die behandelnden Ärzte eine schreckliche Diagnose stellten: Magenkrebs! Wie jeder Kranke war jedoch auch Storm geneigt, die Wahrheit zu verdrängen. Die Familie bewog ihn, sich erneut untersuchen zu lassen. Damit gelang ein von den engsten Angehörigen eingefädeltes Täuschungsmanöver; der Kranke glaubte, das Ergebnis dieser Untersuchung sei richtig und er leide nicht an Magenkrebs. Der Deprimierte war von neuer Zuversicht erfüllt, obwohl ihn weiterhin Schmerzen quälten.

Anfang August 1887 fuhr er mit seiner Tochter Lucie nach Sylt; am 21. August kehrte er nach Hademarschen zurück. Der 70. Geburtstag (14. September) kam heran. Feiern fanden in Hademarschen, Husum und Kiel statt. Über die Festlichkeiten in Hademarschen schrieb Storm an Gottfried Keller:

> Der Geburtstag war ganz schön, wäre es nur nicht der siebenzigste gewesen; am Abende zirka 100 Gäste, das ganze Dorf war voll Trubel, Ehrenpforten, originellste Illumination, die Dorfschulmädchen kamen mit ihren Lehrern und anderthalbhundert Stocklaternen [...]. Bürgermeister und Bürger-Worthalter aus Husum überreichten mir das Ehrenbürgerrecht meiner Vaterstadt; alles ging wie im Rausch vorüber. Ich bin nicht unempfindlich gegen soviel freundliche Anerkennung.[17]

Die Feiern zu seinem 70. Geburtstag waren der letzte Höhepunkt in Theodor Storms Leben. Körperlich ging es danach mit ihm bergab. Schmerzen raubten ihm nachts oft den Schlaf, und tagsüber kam er nur wenig zu seiner literarischen Tätigkeit. Nur mit größter Kraftanstrengung gelang es ihm, die wichtigsten Vorhaben zu vollenden. Am 4. Juli 1888 zwischen 16 und 17 Uhr starb Theodor Storm. Morphium hatte seine letzten Stunden erleichtert. Am 7. Juli wurde der Tote in der Familiengruft auf dem St.-Jürgen-Friedhof in Husum beigesetzt. Eine große Menschenmenge begleitete den Dichter auf seinem letzten Weg. Gertrud Storm berichtet: „Unter dem Klange der Glocken wurde der Sarg still hinabgesenkt. Kein Wort wurde gesprochen, kein Geistlicher war dem Sarg gefolgt, so hatte es Storm zu seinen Lebzeiten bestimmt."[18] Storms letzter Lebensabschnitt, der kurz beschrieben wurde, war auf dem Gebiet des dichterischen Schaffens sehr fruchtbar. Der Oberamtsrichter Storm ließ sich im Herbst 1879 beurlauben und ging am 1. Mai 1880 in Pension, weil er seine schwindenden Kräfte – in Briefen sprach er gelegentlich davon – ganz für das literarische Werk einsetzen wollte. So entstanden in den Jahren, in denen Storm in Hademarschen sein Zuhause hatte, noch viele bedeutende Novellen – von *Der Herr Etatsrat* (im Sommer 1880 begonnen, im Februar 1881 beendet) bis zum *Schimmelreiter* (im Juli 1886 begonnen, im Februar 1888 abgeschlossen).

Seine Chroniknovellen setzte der Dichter mit *Zur Chronik von Grieshuus* (von Mitte 1883 bis Juni 1884 entstanden) und *Ein Fest auf Haderslevhuus* (Entstehung: Anfang März bis Ende Juli 1885) fort. *Zur Chronik von Grieshuus* gehört zu den historischen Novellen Storms. Das Werk spielt im 17. Jahrhundert. Junker Heinrich lädt Schuld auf sich. Im Kampf tötet er seinen Bruder, weil dieser ihn von seiner nichtadeligen Frau trennen will. Diese Schuld belastet auch die nachfolgende Generation, die daran zugrunde geht. — Auch *Ein Fest auf Haderslevhuus* ist eine historische Novelle. Es handelt sich um eine im 14. Jahrhundert angesiedelte Liebesgeschichte. Am 28. April 1885 schrieb Storm an Paul Heyse:

> Seit mehreren Wochen sitze ich in einer Liebesgeschichte – ja, wahrhaftig in einer solchen – aus der Mitte des 14. Jhs. und schreibe, ohne viel umzusehn, das wirre Concept zusammen; selbst neugierig, wie das Ganze sich gestalten mag [...]. Wie durch Chamissos *Geist der Mutter*, so bin ich hierzu durch eine mäßig gereimte Sage veranlaßt, die

ich in einem Buche *Sagen des Neckarthals etc. gesammelt von I. Baader* — die Vorrede v. 1843 — fand: *Zur Hochzeitsfeier* von H. Wenzel; Gott wird ihn kennen! Ich habe die Geschichte nun frisch nach dem Hezgth. Schleswig verlegt; und nach zwei Schlössern, die derzeit da waren."[19]

Andere Probleme traten für Theodor Storm in dieser letzten Schaffensphase in den Vordergrund. Es waren Fragen des zeitgenössischen Bürgertums, die ihn besonders beschäftigten. Dabei verstand er es meisterhaft, individuelle Konflikte zu schildern. *Hans und Heinz Kirch* (Entstehung: Herbst 1881 bis Februar 1882) griff ein wichtiges Problem auf. Hans Kirch ist durch Strebsamkeit vom Kleinbürgertum ins mittlere Bürgertum aufgestiegen; Heinz, sein Sohn, soll es noch weiter bringen. Es kommt zu einem ernsten Konflikt zwischen dem Vater und dem Sohn; Heinz verläßt den Vater schließlich endgültig, und Hans Kirch zerbricht an seinem unbeugsamen Charakter und an gesellschaftlichen Zwängen. — Die Novellen *Schweigen* (Entstehung: 1882 bis Februar 1883) und *Ein Bekenntnis* (Entstehung: März bis Mai 1887) zeigen Bürger in Gewissenskonflikten. In *Schweigen* offenbart die Hauptperson, ein Oberförster, seiner Zukünftigen nicht, daß er an einer geistigen Störung erkrankt war, und heiratet sie. Nach einem Selbstmordversuch, aus dem Gewissenskonflikt hervorgegangen, kommt es zur Offenheit und zum Verzeihen. In *Ein Bekenntnis* wird die Geschichte eines Arztes geschildert, der seine schwerleidende Frau tötet und in Depressionen verfällt, als er erfährt, daß man die Kranke hätte heilen können. Er sühnt seine Schuld als Missionsarzt in Ostafrika. Ein anderes menschliches Problem berührt die Novelle *John Riew* (Entstehung: Ende 1884 bis Anfang 1885). Sie behandelt vor allem die Frage, ob Trunksucht erblich sei. Ein junges Mädchen wird in dieser Erzählung das Opfer ererbter Trunksucht. — In anderen Novellen geht es um Schuld und Sühne; sie wurden mit psychologischem Spürsinn gestaltet. *Böttjer Basch* (Entstehung: Winter 1885/86) erörtert diese Thematik am Beispiel eines Handwerkers und seines Sohnes. Meister Daniel verliert durch eine moderne Brauerei, die selbst einen Böttcher hat, seine Kundschaft; sein Sohn Fritz hilft nicht, sondern wandert in die USA aus. Später kehrt der Sohn aber reumütig zurück und rettet den lebensmüden Vater. — In *Ein Doppelgänger* (Entstehung: Mai bis September 1886), geschrieben für Karl Emil Franzos' Zeitschrift

Deutsche Dichtung, wird die Lebensgeschichte des John Glückstadt-Hansen erzählt. Dieser Mann, der in jungen Jahren ins Zuchthaus kam, wird später trotz seines Fleißes und seiner Tüchtigkeit nicht von der bürgerlichen Gesellschaft aufgenommen. Er heiratet ein armes Mädchen. Das entsetzliche Elend führt zu Auseinandersetzungen; bei einem handgreiflichen Streit stürzt die junge Frau und stirbt an dem Unfall. Seiner Tochter wird Glückstadt ein guter Vater. Er endet aber tragisch durch einen Sturz in einen Brunnen im Felde, den er vorsorglich selbst zudecken ließ, dessen Deckel er aber dann verheizen mußte. Erst die Tochter erlebt eine Schicksalswende; sie wird die Frau eines tüchtigen Mannes. — In der jüngeren Storm-Literatur ist es nur noch selten üblich, des Dichters mutige Kritik am Bürgertum, die seine Gesellschaftsnovellen zeigen, auf angemessene Weise herauszuarbeiten. Vielmehr wird Storm oft aus sozialistischer Sicht kritisiert. Wohl kaum anders ist Hartmut Vinçons Urteil zu verstehen:

> Storms pointierte Hinwendung zur bürgerlichen Gesellschaftsnovelle darf keineswegs als bloßer Fortschritt, gar als eine Annäherung an sozialdemokratische Vorstellungen verstanden werden. Das durch die kapitalistischen Umwälzungen verursachte soziale Elend ruft zwar die „Sympathie eines Menschenfreundes“ hervor, aber keine Veränderung seines Klassenstandpunktes.[20]

Der hier erkennbare Vorwurf ist ebenso ungerecht wie die gelegentlich auftauchende Meinung, Storm sei in der Gründerzeit und auch schon in den Jahren nach der Revolution von 1848 modernen Zeitproblemen ausgewichen und in die idyllische Vergangenheit geflüchtet. In Wirklichkeit zeigt er in vielen Werken Bürger, die sich mit ihrer Umwelt auseinandersetzen wollen oder müssen. Dabei vollzog sich eine bedeutende Entwicklung vom psychologischen Realismus zur Berücksichtigung des gesellschaftlichen Umfeldes und der Erforschung der Bedingungen menschlicher Existenz. Die Tatsache, daß er nahezu immer Heimatliches gestaltete, brachte Storm den Vorwurf ein, er sei dem Provinzialismus verfallen. Der in der DDR lebende Forscher Peter Goldammer, Herausgeber der *Sämtlichen Werke* in vier Bänden (1956), hat auch auf diesem Gebiet ein ausgewogeneres Urteil als manche in der Bundesrepublik Deutschland wirkende Literarhistoriker. Goldammer meinte mit Recht:

Gewiß: die Liebe des Dichters zu seiner schleswig-holsteinischen Heimat ist zugleich die Liebe zur kleinen Welt idyllisch-patriarchalischer Zustände am Rande des großen Zeitgeschehens. Doch trotz der Neigung, seine Welt für die Norm und das Maß aller Dinge zu halten, ist Storm nie der Gefahr erlegen, zum „Heimatdichter" in des Wortes beschränktem Sinne zu werden, und nichts weniger als Idyllen sind es, die den Inhalt seiner reifen Werke bilden. Sein wacher Sinn für die realen Tatsachen des Lebens hat ihn bald erkennen lassen, daß die Zeit der biederen altbürgerlichen Beschaulichkeit für immer vorüber und seine Sehnsucht nach dieser Zeit eine anachronistische Illusion war.[21]

4
Zur Entstehung der Novelle „Der Schimmelreiter"

Die bedeutendste Dichtung der letzten Schaffensphase Theodor Storms ist die umfangreiche Novelle *Der Schimmelreiter* (entstanden vom Juli 1886 bis zum Februar 1888). Sie spielt in einer Landschaft, die Storm aufs engste vertraut war. Der am 14. September 1817 in Husum Geborene lernte schon in seiner Jugend die Heimat kennen und lieben. Das Land, das er so schätzte, liegt an der Nordsee. Täglich konnte der junge Storm die Geest mit ihrem Heideland, die fruchtbare Marsch, die Deiche und das Meer, dessen Rauschen man bis in die Vaterstadt hörte, in sich aufnehmen. Storm entdeckte schon in frühen Jahren die herbe Schönheit dieses stillen Landes; die Liebe wuchs während seiner langen Abwesenheit und fand ihren Höhepunkt nach der endgültigen Rückkehr (1864). Für diese Heimat gab es aus seiner Sicht nicht nur politische Gefahren; stets bedrohte sie auch das mächtige, tückische Meer, das zur zerstörenden Kraft werden konnte. Schon in seiner ersten Schaffensphase gestaltete Storm das Meer dichterisch. In der Novelle *Auf dem Staatshof* (1859) findet man die folgende Schilderung:

> In diese heimlichen Laute der Nacht drang plötzlich von der Gegend des Deiches her der gellende Ruf eines Seevogels, der hoch durch die Luft dahinfuhr. Da mein Ohr einmal geweckt war, so vernahm ich nun auch aus der Ferne das Branden der Wellen, die in der hellen Nacht sich draußen über der wüsten, geheimnisvollen Tiefe wälzten und von der kommenden Flut dem Strande zugeworfen wurden. Ein Gefühl der Öde und der Verlorenheit überfiel mich [...][22].

Es ist unverkennbar, daß Storm das Meer als bedrohend und unheimlich empfand. Hier gab er im Grunde ein Lebensgefühl wieder, das für die in Nordfriesland im Schutze der Deiche lebenden Menschen typisch ist. Seine Darstellung des Meeres ist ein allgemeingültiges Sinnbild für die stets vorhandene Bedrohung der menschlichen Existenz. Im Laufe seines Lebens wurde Storm mehrfach mit Sturmfluten, die den vom Deich geschützten meeresnahen Lebensraum gefährdeten, konfrontiert. Der siebenjährige Junge wurde vom 3. zum 4. Februar 1825 Zeuge einer gewaltigen Halligflut; er wußte früh darum, daß das dem Meer abgerungene Land kein Besitz ist, den der Mensch ohne dauernden Kampf behält.

In seiner Geschichte wurde Nordfriesland häufig von Sturmfluten heimgesucht. Zwei Katastrophen blieben den Menschen des Küstenlandes besonders im Gedächtnis. Die eine ist die Marcellus-Flut vom 15. bis zum 17. Januar 1362, „Manndränke" genannt, die andere die Sturmflut vom 11. Oktober 1634, welche das Küstengebiet zerstörte und zur Bildung der Halligen führte.

Theodor Storm trieb intensive Studien über die Sturmfluten. Karl Ernst Laage verweist darauf, daß man ein Exemplar des Buches *Anton Heimreichs nordfriesische Chronik* aus dem Jahre 1668 in des Dichters Nachlaß gefunden habe, desgleichen habe Storm zum Jahre 1717 — die Weihnachtsflut wird im *Schimmelreiter* erwähnt – die *Sammlung einiger Husumischen Nachrichten* von J. Laß (Flensburg 1750 ff.) verwendet[23]. – Die Sturmflut, in der Hauke Haien umkommt, ähnelt am meisten der vom 7. Oktober 1756; über sie findet man einen Bericht in der *Sammlung einiger Husumischen Nachrichten.* (Der Text befindet sich im Kapitel „Materialien" des vorliegenden Buches). Es ist aber gewiß nicht so, daß Storm in seinem *Schimmelreiter* e i n e Sturmflut wiedergab; er faßte in seiner Dichtung viele Details in einem fiktiven Geschehen zusammen, dem man Realitätsnähe nicht absprechen kann.

Auch die Schauplätze der Novelle sind fiktiv und entsprechen doch weitgehend der Wirklichkeit, worauf in der Sekundärliteratur mehrfach hingewiesen wurde. Storm vermied es absichtlich, Ortsnamen zu nennen. Man kann aber feststellen, daß er von konkreten Vorstellungen ausging. Karl Ernst Laage verweist auf einen neuentdeckten Storm-Brief vom 10. Februar 1885, aus dem hervorgeht, daß dem Dichter vor allem die Deiche und Ortschaften „der Landteile von Nordstrand, Husum und Simonsberg" vor Augen standen, wie das Gebiet „vor der großen Flut von Anno 1634 war"[24]. (Vgl. die Skizze „Das mittlere Nordfriesland 1634", Mat. 3). Storm stützte sich offenbar auf eine Landkarte des Husumer Kartographen J. Mejer in Danckwerths *Landesbeschreibung* von 1652[25], welche das Gebiet nördlich von Husum vor der großen Flut von 1634 wiedergibt. In der Novelle reitet der Erzähler der inneren Rahmenhandlung von einem Hof „in einer der nördlichen Harden" (S. 4) auf einem Deich in Nordfriesland nach Süden. Links von ihm liegt die Marsch, rechts „das Wattenmeer der Nordsee" (S. 3). Die Halligen und Inseln kann er wegen des schlechten Wetters nicht sehen. Er hat im übrigen „Geschäfte in der Stadt" (S. 4). Mit dieser Stadt kann nur Husum gemeint sein. Somit hatte Storm das Gebiet zwischen der Nordergoesharde (früherer Verwaltungsbezirk um Bredstedt) und Husum vor Augen, genauer: die Hattstedter Marsch (sie trägt bis heute diesen Namen, vgl. die Skizze „Das mittlere Nordfriesland 1976", Mat. 4). Mehrfach werden in der Novelle der Hauke-Haien-Deich und der neue Koog erwähnt. So kann man z. B. die folgende Passage finden:

> [...] dann blickte er auf, und von dem Deiche, auf dem er stand, über den Priel hinweg, zog er in Gedanken eine Linie längs dem Rande des abgetrennten Landes, nach Süden herum und ostwärts wiederum zurück über die dortige Fortsetzung des Prieles und an den Deich heran. Die Linie aber, welche er unsichtbar gezogen hatte, war ein neuer Deich, neu auch in der Konstruktion seines Profiles, welches bis jetzt nur noch in seinem Kopf vorhanden war. „Das gäbe einen Koog von zirka tausend Demat", sprach er lächelnd zu sich selber; „nicht groß just; aber ..." (S. 69).

Diese Angaben lassen auf den heutigen „Hattstedter Neuen Koog" schließen; selbst die Größe („zirka tausend Demath", das sind etwa 5 km^2) entspricht den Tatsachen. — Diese grundsätzliche Übereinstimmung mit geographischen Gegebenheiten darf nicht zu der Annahme verleiten, daß man alle in der Novelle erwähnten Einzelheiten in der Landschaft, in der die Erzählung angesiedelt ist, vorfindet; Storm vermischte absichtlich die Grenzen zwischen Wirklichkeit und Dichtung. Zu den verwendeten Fakten gehört die Hattstedter Kirche mit ihrem „aus Felsblöcken gebauten" (S. 38) Turm, wie das Dorf „droben auf der Geest" (S. 37) gelegen. Der Deichgrafenhof gibt wahrscheinlich den auf einer Warft gelegenen Hof der Deichgrafenfamilie Iwersen-Schmidt (Lundenberg in der Hattstedter Marsch) wieder.[26] Der heutige „Schimmelreiterkrug" bei Sterdebühl könnte Storm ebenfalls als Vorbild gedient haben; er befindet sich nahe einer Deichauffahrt, ähnlich dem Wirtshaus im *Schimmelreiter*. Ortsveränderungen sind hier erkennbar, denn das Gasthaus der Novelle befindet sich auf der gegenüberliegenden Ecke des Kooges. — Wenn man diese verschiedenen Ortsangaben der Novelle zusammenträgt, dann ergibt sich ein anschauliches Bild des Schauplatzes (vgl. Mat. 5). —

Der erste Plan zum *Schimmelreiter* entstand offenbar zu Beginn des Jahres 1885. Storm schrieb an den Literaturhistoriker Erich

Schmidt (1853–1913) am 3. Februar 1885: „Jetzt aber rührt sich ein alter mächtiger Deichsagenstoff in mir, und da werde ich die Augen offenhalten, aber es gilt vorher noch viele Studien!“[27] Am 10. Februar 1885 bat der Dichter Frau Eckermann, Gattin des schleswig-holsteinischen Landesbaurats Christian Eckermann (1833–1904), um Informationen über das Gebiet, in dem er seinen Stoff anzusiedeln gedachte:

> Zu einer neuen Arbeit, die sich in meinem Kopfe festsetzen will, möchte ich gern eine kleine, nur ganz flüchtige Skizze der Landtheile von Nordstrand, Husum, Simonsberg haben, wie es eben vor der großen Fluth von ann. 1634 war. Da ich meine, daß Eckermann mir neulich solch ein altes Kärtchen zeigte, erlaubt er vielleicht, daß Gertrud, die ich freundlich darum bitte, es mir abzeichnet; die Deiche, wenn solche angegeben sind, möglichst deutlich, sowie die Ortsnamen. [...][28]

Lange dauerten die Vorbereitungen und Überlegungen, was Briefäußerungen gegenüber Paul Heyse (4.12.1885 und 15.1.1886), dem Verleger Paetel in Berlin (5.12.1885 und Juli/August 1886) und Erich Schmidt (30.3. und 8.7.1886) eindringlich bezeugen.[29] Die Niederschrift begann im Sommer 1886. An Erich Schmidt schrieb Storm am 8. Juli 1886: „Unter so lebendiger Umgebung ist es, abgesehen von meinen abnehmenden Kräften, nicht leicht zu arbeiten. Dennoch ist der *Schimmelreiter* begonnen, allerlei Studien sind dazu gemacht.“[30] Der Schreibprozeß war langwierig und wurde von Krankheiten sowie anderen literarischen Vorhaben oft unterbrochen. Storms Arbeitskraft nahm am stärksten ab, als ihn tiefe Depressionen plagten – ausgelöst durch den Tod des Sohnes Hans (5.12.1886) und die ärztliche Diagnose, er leide an Magenkrebs. Neuen Aufschwung schenkte dann die erwähnte Täuschung. Ab Mai 1887 kam der Dichter mit der Niederschrift gut voran. Im Herbst 1887 konnte er Paul Heyse mitteilen:

> Mein vielgenannter *Schimmelreiter* ist bis Seite 92 der Reinschrift gediehen, und Sonntag will ich nach Heide, um mich mit meinem deichsachverständigen Freunde Bau-Inspektor Eckermann ein Nötiges weiter zu besprechen. Aus einem Jungen ist Hauke Haien nun auf dieser 92. Seite zum Deichgrafen geworden; nun bedarf es der Kunst, ihn aus einem Deichgrafen zu einem Nachtgespenst zu machen. Ich fürchte, das Thema hätte mir 10 Jahre früher kommen müssen.[31]

Nach weiteren arbeitsreichen Monaten konnte Storm am 9. Februar 1888 in sein Tagebuch eintragen: „Heute vormittag 11 Uhr den *Schimmelreiter* beendet".[32]

Bei der Entstehung dieser Altersnovelle spielten Anregungen und Quellen eine wichtige Rolle. Von Bedeutung ist zunächst die Frage, woher Storm den Sagen-Stoff kannte. An Frau Eckermann schrieb er am 10. Februar 1885: „Es ist die, ich glaube, ostfriesische Sage vom *Schimmelreiter*, die jetzt in mir spukt, die ich in meinem achten oder neunten Jahr, Gott weiß wo, las, und nicht habe wiederfinden können."[33] Nach dem heutigen Stand der Forschung ist es unwahrscheinlich und nicht bewiesen, daß der Dichter eine heimische Schimmelreitersage kannte und verwendete. Laage weist darauf hin, daß weder die Notiz, auf die Storm in der Studie *Lena Wies* (1873) anspielt[34], noch eine Schimmelreitergeschichte, die 1890 in den „Bildern aus Eiderstedt und den angrenzenden Gegenden" veröffentlicht wurde und offenbar noch nicht alt war, die Anregung gewesen sein können[35]. Storm meinte zwar in Briefen an Th. Mommsen und K.G. v. Leitner[36], er habe die Sage im *Husumer Wochenblatt* gelesen, doch irrte er sich wohl und verwechselte es mit Pappes *Lesefrüchten* (1838). Ein Beweis dafür, daß die Sage nicht heimischer Herkunft war, ist die folgende Tatsache. Als Storm Ende 1842 von seinem Studienfreund Theodor Mommsen (1817–1903) gebeten wurde, der Müllenhoffschen Sagensammlung die Schimmelreitersage beizufügen, schrieb er bald darauf (13. Februar 1843): „Der Schimmelreiter, so sehr er auch als Deichsage seinem ganzen Charakter nach hierher paßt, gehört leider nicht unserem Vaterlande; auch habe ich das Wochenblatt, worin er abgedruckt war, noch nicht gefunden."[37] Storm wußte also 1843 noch, daß der Stoff nicht aus Schleswig-Holstein stammte. Im Jahre 1885 vermischten sich dann verschiedene Eindrücke.
Die Novelle beginnt mit den Worten:

> Was ich zu berichten beabsichtige, ist mir vor reichlich einem halben Jahrhundert im Hause meiner Urgroßmutter, der alten Frau Senator Feddersen, kund geworden, während ich, an ihrem Lehnstuhl sitzend, mich mit dem Lesen eines in blaue Pappe eingebundenen Zeitschriftenheftes beschäftigte; ich vermag mich nicht mehr zu entsinnen, ob von den *Leipziger* oder von *Pappes Hamburger Lesefrüchten* (3).

Trotz dieser Quellenhinweise im äußeren Rahmen der Novelle dauerte es lange, bis man die Vorlage für den Schimmelreiterstoff fand. Erst 1939 stieß Karl Hoppe, ein Herausgeber der Werke des Dichters, auf die Vorlage[38]. Es handelt sich um die Weichselsage *Der gespenstige Reiter*, die zum ersten Mal im *Danziger Dampfboot* abgedruckt wurde (14. April 1838, Nr. 45, S. 344 f.) und die Storm dann im selben Jahr in Pappes *Lesefrüchten* las[39].

Wenn man Sagen als Anregungen für den Dichter betrachtet, dann sollte man darauf hinweisen, daß Storm, ein Freund dieses Genres, manche Motive für seinen *Schimmelreiter* aufgriff. So fand er in einer Sagensammlung den im *Schimmelreiter* vorkommenden Gedanken, daß nur „was Lebigs" eine reparierte Deichstelle dauerhaft haltbar machen könne. Einen entsprechenden Hinweis entdeckte er in Müllenhoffs Sammlung *Sagen, Märchen und Lieder der Herzogthümer Schleswig, Holstein und Lauenburg*[40]

Neben der Erforschung der verwendeten Sagen reizte die Literaturwissenschaft immer wieder die Frage, ob die Gestalt des Deichgrafen ein geschichtliches Vorbild habe. Als Ergebnis kann man festhalten, daß Storm keine einzelne Persönlichkeit wiedergegeben hat. Dennoch gab es offenbar geschichtliche Gestalten, die Anregungen geschenkt haben. Dazu gehören, wie A. Busch, A.W. Geerkens, R.K. Holander und D. Lohmeier nachwiesen:

1. Johann Claussen Rollwagen (1563–1623), „General-Deichgraf" der schleswig-holsteinischen Herzöge, ein um das Deichwesen hochverdienter Mann, der seinen Amtssitz in Tönning hatte.
2. Jan Clausen Coott (1570–1630), ein „Deichsmeister", der aus Oldenswort stammte und in Eiderstedt und auf Nordstrand Deiche errichtete.
3. Graf Jean Henri Desmercieres, „Geheimer Conferenzrath" des dänischen Königs; in der Mitte des 18. Jahrhunderts führte er das flache Deichprofil, offenbar damals vergessen, wieder ein, das Rollwagen begründet hatte.
4. Hans Momsen aus Fahretoft (zwischen Bredstedt und Niebüll), geboren 1735, gestorben 1811, Sohn eines Deichvogts und selbst in diesem Amt (seit 1787), ein Mathematiker, Astronom und Navigationslehrer; Storm weist in seiner Novelle auf ihn hin (S. 9).
5. Hans Iwert Schmidt (1774–1824) und sein Sohn Johann Iwersen Schmidt (1798–1875), Hofeigentümer auf Lundenberg (bei Hattstedt) und Deichgrafen in der Hattstedter Marsch. Johann Iwersen

Schmidt stürzte vom Pferd und ertrank; er wurde – wie sein Vater – auf dem Hattstedter Friedhof begraben.

Theodor Storm verwendete bei den Vorarbeiten zu seinem *Schimmelreiter* auch zwei Chroniken, um historische Ereignisse mit einzubeziehen. Schon erwähnt wurde die *Sammlung einiger Husumischen Nachrichten* (Flensburg 1750 ff.) mit Hinweisen auf die große Weihnachtsflut von 1717 und auf die gewaltige Sturmflut von 1756[41]. Das zweite Werk, das Storm neuerer Forschung zufolge verwendet hat, ist *Anton Heimreichs nordfriesische Chronik* aus dem Jahre 1668 mit Angaben über die nordfriesischen *Harden* (S. 45 ff.) und über die Sturmflut von 1655 (S. 408). Laage wies z. T. wörtliche Übernahmen aus dieser Quelle nach und meinte mit Recht, diese stellten der Storm-Forschung die Aufgabe, das „Verhältnis von Quelle und Dichtung im Hinblick auf die Schimmelreiternovelle neu zu untersuchen“[42]. Über das bislang auf dem Gebiet der Quellenforschung hinaus Geleistete sollte u. a. auch untersucht werden, wie sich die Zeit, in der Storm seine große Novelle schrieb, in dem Werk niederschlug. Die Gründerzeit blieb nicht ohne Auswirkungen, und so nannte man Hauke Haien einen „gründerzeitlichen Übermenschen“ (J. Hermand)[43]. Mehr und mehr verzichtete der Dichter darauf, das Innenleben seiner Figuren melancholisch nachzuzeichnen; er zeigte vielmehr, gipfelnd im *Schimmelreiter*, das entschlossene Handeln von Menschen der Tat, die sich mit ihrer Umwelt auseinandersetzen. In diesem Sinne verfolgte Storm konsequent einen Weg weiter, der sich schon mit *Draußen im Heidedorf* (1872) abzeichnete. Bereits damals wurde sein psychologischer Realismus von einer stärkeren Hinwendung zur Erforschung der Grundbedingungen menschlicher Existenz abgelöst. Familiäres und Persönliches brach immer wieder durch, doch verlief Storms Entwicklung in beachtenswertem Maße parallel zum geschichtlichen Fortschreiten, das den handlungsstarken Bürger in seiner Haltung bestätigte und jede Resignation, die von der mißglückten Revolution von 1848 bis zur Zeit der Reichsgründung zum Geist der Zeit gehörte, als unpassend erscheinen ließ.

5
Struktur

5.1
Der Rahmenbau

Theodor Storm ist der deutsche Dichter des 19. Jahrhunderts, der am meisten zur Entwicklung der Rahmennovelle beitrug[44]. Als er den *Schimmelreiter* schrieb, war seine Erzählkunst auf dem Höhepunkt angelangt. So gestaltete er eine auch formal überzeugende Novelle.

Storms *Schimmelreiter* besteht aus zwei Rahmen und aus einer mehrfach unterbrochenen Binnenhandlung (vgl. Strukturskizze S. 31 dieses Bandes). Der äußere Rahmen, dessen Handlung im Jahre 1888 spielt, wird am Ende der Novelle nicht geschlossen. Storm begnügte sich damit, erst den Binnenerzähler, dann den Erzähler des inneren Rahmens verstummen zu lassen. Wenn der Leser erwartet, daß auch der äußere Rahmen wieder geschlossen wird, dann wird seine Hoffnung nicht erfüllt. Storms Kunstgriff führt dazu, daß am Schluß die Spannnung auf einem gewissen Niveau erhalten bleibt. — Der innere Rahmen führt uns etwa 150 Jahre zurück, in die Zeit um 1830. Er wird auch wieder geschlossen. Allerdings weist Storm nur darauf hin, daß der Reisende seinen Weg nach nächtlichen Ereignissen fortsetzt; er schildert nicht, daß dieser das Ziel erreicht (aber daran ist ohnehin nicht zu zweifeln, und das Wie ist ohne Belang).

Dieser innere Rahmen wird mehrfach wieder sichtbar, denn der Dichter unterbricht die Binnenhandlung, die um 1750 spielt, einige Male, ohne aber die Wiedergabe des eigentlichen Geschehens zu stören oder die Bedeutung des inneren Rahmens über Gebühr aufzuwerten. Der Leser empfindet diese Art der Gestaltung als durchaus angemessen, was zeigt, daß Storm als Erzähler den richtigen Weg gegangen ist.

5.2
Anlage und Bedeutung des äußeren Rahmens

Storms Kunstgriff eines zweiten Rahmens, der zudem offenbleibt, also am Ende nicht geschlossen wird, ist beachtenswert. Faktisch handelt es sich um eine Einleitung, die von der Erzählgegenwart des Autors (1888) ausgeht, zugleich aber auf das erste Bekanntwerden mit der Erzählung vom Schimmelreiter „vor reichlich einem halben Jahrhundert im Hause meiner Urgroßmutter" (S. 3) hinweist. Der Verfasser erreicht damit vieles. Ihm gelingt es, einen zweifachen Abstand zur Binnenhandlung zu schaffen, der es unmöglich macht, sich für die Richtigkeit alles Geschehenen, das in einer eigenartigen Schwebe bleibt, zu verbürgen. Wichtig ist, daß ihm die Geschichte im Gedächtnis geblieben ist und nach Wiedergabe verlangt. Damit gelingt es dem Dichter, Spannung zu schaffen, Erwartungen zu wecken. Was kann das für eine Geschichte sein, die so lange im Gedächtnis haftet? Welches Besondere enthält sie? Der Leser soll mit solcher Spannung lesen wie (angeblich) der junge Storm im Hause seiner Urgroßmutter. Der Dichter appelliert zugleich an den historischen Sinn des Lesers. Dieser soll sich gleich zweifach in vergangene Zeiten hineinversenken, die Vergangenheit als uns alle Betreffendes anerkennen und einem Verharren im Nur-Gegenwärtigen eine Absage erteilen. Gegenwart: das war für den Dichter der „Schimmelreiter"-Novelle die Zeit einer überhasteten Industrialisierung nach der Reichsgründung von 1871 und in einer Phase wirtschaftlichen Wachstums. Storm lenkt den Blick des Lesers zurück in die Zeiten mit einem ganz anderen Lebensrhythmus. Mit Recht spricht Winfried Freund von einer „Idyllisierung der Erzählsituation"[45]. Mit dem Versuch, von der Lesergegenwart abzulenken, ist das Bemühen verbunden, Geschehnisse der Vergangenheit über das Faktische hinauszuheben und zu poetisieren. Mehrfach wurde in der Storm-Literatur darauf hingewiesen, daß es bei diesem Dichter zu einer Poetisierung der Wirklichkeit u. a. dadurch kommt, daß er die Wiedergabe von faktisch Belegbarem mit Elementen der Erinnerung verbindet[46]. Storms *Schimmelreiter* gehört zu den Novellen Storms, die diese Behauptung unter Beweis stellen.

5.3
Der innere Rahmen und seine Funktion

Der zweite Rahmen spielt, wie erwähnt, um 1830, die Binnenhandlung um 1750. Zwischen diesen Stufen gibt es Verknüpfungen. Es ist nicht so, daß die Binnenhandlung – die Erzählung des Schulmeisters – nur deswegen fünfmal unterbrochen wird (vgl. Strukturskizze), um das Geschehen aufzulockern; man kann vielmehr von einer wohlüberlegten Gliederung sprechen. Es ist erkennbar, daß die chronologisch fortlaufende Binnenhandlung durch die Unterbrechungen in Sinnabschnitte zerlegt wird. Der erste Einschub (S. 10 f.) ist nur kurz, aber erzähltechnisch nicht unwichtig. Die Wiedergabe von Haukes Euklid-Begegnung und seiner Lernbegierde wird vom Schulmeister kommentiert. Er verweist auf Hans Momsen, ein nordfriesisches Original, von dem Vergleichbares berichtet wird. Erreicht wird damit, daß der Leser meint, Hauke Haien sei ebenso historisch wie Momsen; so entsteht die Illusion, es handele sich um die Wiedergabe von Tatsächlichem und der Erzähler referiere über Wirkliches.

Auch die zweite Unterbrechung (S. 16 f.) liegt in dem Teil, der von Hauke Haiens Jugend handelt. Der Schulmeister hat soeben von Haukes Begegnung mit dem Meer und vom Erlebnis mit den vermeintlichen Seegespenstern erzählt. Die Zuhörer im Wirtshaus werden nun mit Spuk konfrontiert; dem Erzähler kommt es bei einem Blick durch das Fenster so vor, als habe er „den hageren Reiter auf seinem Schimmel vorbeisausen gesehen" (17). Die Stimmung in dem vom Schulmeister Erzählten und dem von den Zuhörern Erlebten ist ähnlich. Allerdings gelingt es dem Lehrer, über dessen Aufgabe noch zu berichten sein wird, das Bedrohliche zu entschärfen und die Anwesenden zu beruhigen.

Die dritte Unterbrechung – sie ist die längste von allen – folgt viel später (S. 55 f.) und ist erzähltechnisch gut plaziert. Sie liegt zwischen zwei wesentlichen Phasen in Hauke Haiens Entwicklung. Erzählt wurde u. a. von dem Erlebnis mit dem Angorakater, von Haukes Lehre beim Deichgrafen, von der Begegnung mit Elke und vom Tod des Vaters. Hauke Haien steht vor persönlichen und beruflichen Erfolgen. Bevor der Schulmeister davon erzählt, unterbricht er seine Darstellung. Man könnte in einem Drama darin ein retardierendes Moment sehen, das letztlich die Spannung steigern soll. Hier handelt es sich aber eher um einen Kunstgriff: der Reisende, die anderen Zuhörer und der Leser sollen dazu gebracht werden, die Entwicklung aus einer gewissen Distanz zu betrachten. Der Deichgraf und sein Gevollmächtigter werden ins Freie gerufen; sie wollen sehen, „wo das Unheil hin will“ (55). Der Lehrer steigt mit dem Reisenden in die Giebelstube hoch, wo man es sich – es handelt sich um einen gemütlichen Raum – bequem macht. Das Eigene dieser Welt (kleine Bibliothek, Ohrenlehnstuhl, Ofen, Bilder) wird dadurch betont, daß die Fenster nicht offen, sondern „mit dunklen Wollteppichen“ (56) verhängt sind, so daß sich eine idyllische Atmosphäre ergibt. Dem Leser wird klar, daß es einen Unterschied zwischen der realen Welt und dem fiktiven Geschehen gibt, daß man das eine miterlebt und über das andere nachdenken soll.

Die vierte Unterbrechung (S. 74 f.) liegt zwischen der nüchternen Erzählung von Hauke Haiens Seedeich- und Koogplänen und der Jevershallig-Episode. Vor dem Abschnitt, der Abergläubischem Nahrung zu geben vermag, verweist der Schulmeister auf seine eigenen sachlichen Forschungen, auf denen seine Erzählung vom Schimmelreiter beruht, und distanziert sich vom „Geschwätz des ganzen Marschdorfes“ (75). Damit wird die Phantastik zurückgedrängt und die Wirklichkeitsnähe des Geschehens betont. Wiederum dient die Unterbrechung auch dazu, den Leser dazu zu bringen, distanziert von der Handlung Kenntnis zu nehmen. Der Dichter wendet also erneut ein erzählerisches Mittel an, dem wir schon begegnet sind.

In der sehr kurzen fünften und letzten Unterbrechung wird dadurch, daß der Binnenerzähler das Jahr 1756 erwähnt, in dem es eine furchtbare Sturmflut gab, die Realität des Wiedergegebenen verstärkt. Der Lehrer empfindet seine Darstellung als einen Bericht, der auf Fakten beruht. Gleichzeitig hat dieser letzte Rahmeneinschnitt (S. 129) auch eine wichtige erzähltechnische Funktion. Die Binnenhandlung strebt auf die Katastrophe zu: die Schäden am Deich werden entdeckt, und Hauke Haien ahnt kommendes Unheil; das schreckliche Unglück steht kurz bevor. Durch den kleinen Einschub wird die Handlung kurz aufgehalten, die Spannung gemindert und erneut eine epische Distanz zum Geschehen geschaffen.

Der innere Rahmen endet mit dem Schluß der „Geschichte von

Hauke Haien“ (144), wie der Schulmeister seine Erzählung nennt. Es folgt ein kurzer Dialog zwischen dem Lehrer und dem Reisenden. Der Schulmeister zieht die Wolldecke vom Fenster, und der Blick der beiden Männer geht auf eine mondbeschienene Landschaft. Der Reisende empfindet das nicht als störend, denn ihn hat das „ernsthafte Männlein“ (145) nicht in eine Spukstimmung versetzt. So kann er beruhigt schlafen gehen. Am nächsten Morgen hat ihn die Gegenwart vollends wieder. Er setzt – nach den nächtlichen Sturmschäden im Bereich dieses Küstenabschnitts Nordfrieslands – seinen unterbrochenen Ritt in die Stadt fort.

Wie schon erwähnt, bleibt der äußere Rahmen offen. Das wirkt sich auf den Leser nicht negativ aus, weil Storm den inneren Rahmen geschickt abschließt. Wird man am Beginn der Novelle über die Gegenwart (1888) ganz behutsam in zwei Stufen der Vergangenheit (um 1830, um 1750) geführt, so geleitet der Dichter den Leser nun in die Gegenwart. Zunächst gerät der Schulmeister aus unserem Blickfeld, als er dem Reisenden eine gute Nacht wünscht. Dann beendet der Chronikerzähler seine Darlegungen. Der Leser wird nun vom Autor nicht mehr dadurch in seinem Nachdenken über das Erzählte (es ist sozusagen Teil der Gegenwart) gestört, daß der Verfasser nochmals – vielleicht sogar deutend – in Erscheinung tritt.

5.4 Die Erzählabschnitte der Binnenhandlung

Theodor Storm selbst bezeichnete, wie dargelegt, die Novelle als „Schwester des Dramas“. Sein *Schimmelreiter* zeigt unübersehbar dramatische Züge. Wolfgang Heybey hat in seiner kurzen Interpretation dieser Novelle[47] den entsprechenden Gedanken am konsequentesten verfolgt und versucht, das Geschehen „in Sinnabschnitte zu unterteilen oder die Handlung in ‚Akte‘ zu gliedern wie in einem Drama“[48]. Da er die erste Unterbrechung (S. 10 f.) außer Betracht läßt, kommt er auf fünf Aufzüge. In der Tat kann man die Großabschnitte so gliedern.

Der erste und der zweite Abschnitt (9–16) — im Grunde eine Einheit – erzählen die Geschichte Hauke Haiens, eines begabten und zielstrebigen Jungen, von der Entlassung aus der Schule bis kurz vor der Konfirmation. Die Kinderjahre werden nicht darge-

Strukturskizze

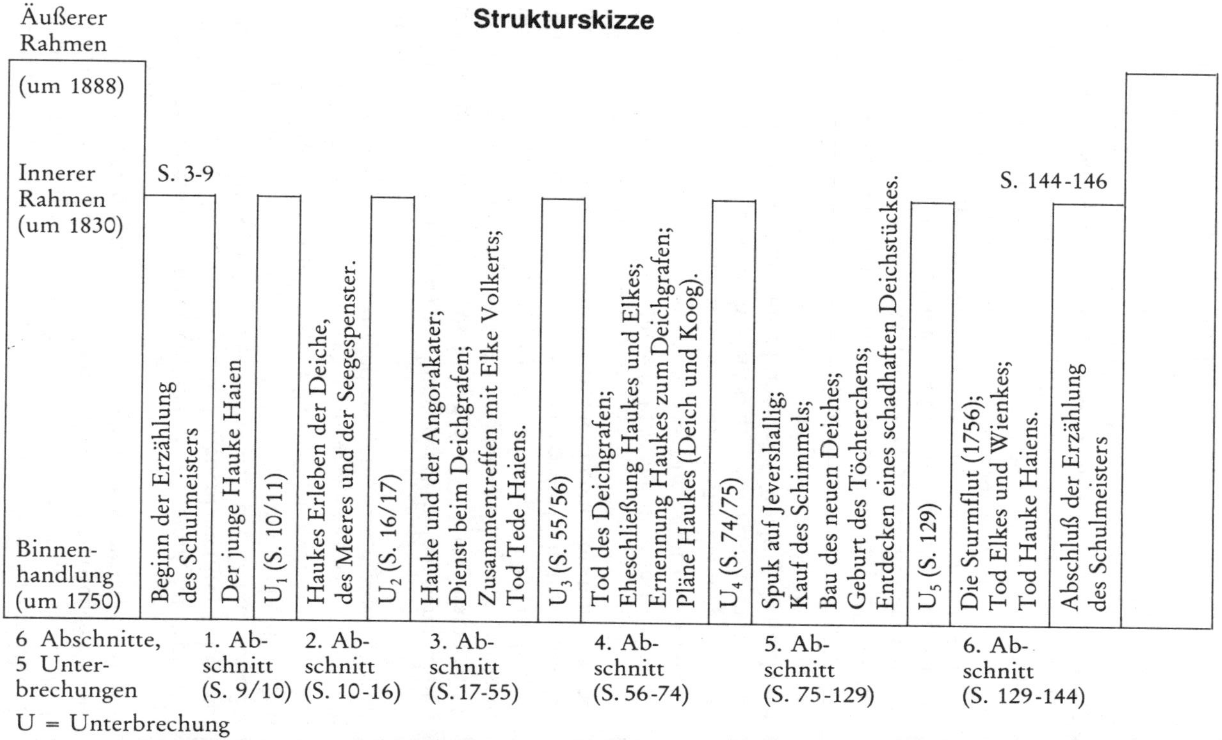

stellt; Storm bringt nur all das, was mit der späteren Entwicklung in Zusammenhang steht. Hauke ist ein guter Rechner und zielvoller Planer. Er wird uns – gleichsam in einer dramatischen Exposition – zusammen mit den wichtigsten Gegebenheiten eingehend vorgestellt.

Nach der zweiten Unterbrechung (16 f.) beginnt der dritte Abschnitt (17–55), der entscheidende Begebenheiten im Leben des Heranwachsenden schildert. Besonders wichtige Details sind das Erlebnis mit dem Angorakater, Haukes Ausbildung beim Deichgrafen, das Zusammentreffen mit Elke und der Tod des Vaters. Am Ende kehrt Hauke, der seine Lehrjahre abgeschlossen hat, als endgültig Erwachsener und Selbständiger auf seinen eigenen Hof zurück.

Nach der dritten Unterbrechung der Schulmeistererzählung (55 f.) beginnt der vierte Abschnitt (56–74) — im Drama würde man vom 3. Akt sprechen – mit dem ersten Höhepunkt der Spannung, aber auch der Vorbereitung des Abstiegs. Die Handlung erstreckt sich vom Tod des Deichgrafen über die Heirat mit Elke und die Ernennung Haukes zum neuen Deichgrafen bis hin zu seinen Plänen für einen neuen Koog und Deich.

Der vorletzten Unterbrechung (74 f.) folgt der fünfte Abschnitt (75–129), der längste und spannendste. Mit Recht meint Heybey über die Handlung dieses Teils, der nach seiner Zählung die vierte Erzähleinheit ist: „Sie treibt dem tragischen Höhepunkt zu und bringt zugleich retardierende Momente“[49]. Wichtige Einzelheiten des Geschehens sind u. a. der Spuk auf Jevershallig, der Kauf des Schimmels, der Bau des neuen Deiches, die Geburt Wienkes und die Entdeckung der schadhaften Stelle am Deich. Die Handlung enthält, wie schon angedeutet, Elemente, welche die tragische Entwicklung aufzuhalten scheinen, z. B. Jewe Manners vergeblicher Versuch, den Widerstand gegen Hauke zu brechen (vgl. S. 92).

Nach der fünften Unterbrechung (S. 129) folgt der letzte Abschnitt der Schulmeistererzählung (S. 129–144). Storm schildert hier u. a. die Sturmflut, den Tod Elkes und Wienkes und das Ende des Deichgrafen. Das Geschehen wird – wie im 5. Akt einer Tragödie – bis zur Katastrophe geführt. Hauke Haien stirbt nicht als ein Mensch, der voller Zufriedenheit auf ein erfolgreiches Schaffen zurückblicken kann, sondern er scheitert während seines Wirkens und hinterläßt Unordnung und Unglück.

6 Erzählsituation und sprachliche Gestaltung

6.1 Erzählhaltung

Angesichts der doppelten Rahmung der Novelle *Der Schimmelreiter* darf man bei einer Analyse der Erzählung nicht nur die wesentliche Handlung betrachten, sondern muß auch kurz das sonst Vorhandene berücksichtigen.

Im Außenrahmen betont der Autor, er könne „weder die Wahrheit der Tatsachen verbürgen als, wenn jemand sie bestreiten wollte, dafür aufstehen" (3). Er erinnert sich, so gibt er vor, nur an etwas, das er vor einem halben Jahrhundert in einer Zeitschrift – entweder in den *Leipziger Lesefrüchten* oder in den von Johann Joseph Christian Pappe in Hamburg herausgegebenen *Lesefrüchten vom Felde der neuesten Literatur des In- und Auslandes* – gelesen hat.

Die Darstellung des Erzählers in der Zeitschrift (2. Rahmen) ist ebenfalls etwas Wiedergegebenes; auch hier verbürgt sich niemand für die „Wahrheit der Tatsachen" (3). Der Zeitschriftenerzähler, der Reisende, spielt in Storms Novelle eine eher passive Rolle, nämlich die eines interessierten, aufgeschlossenen Zuhörers, der sich nur gelegentlich äußert. Man kann sagen, daß er das vom Schulmeister Erzählte für glaubwürdig hält. Die Haltung des Lehrers schätzt er sehr. „Er scheint ein verständiger Mann!" antwortet er auf die Äußerung des Deichgrafen „Alles vorüber! [...] Aber unser Schulmeister hat Ihnen wohl schön was weisgemacht; er gehört zu den Aufklärern!" (145).

Weit wichtiger ist es, die Erzählsituation in der Binnenhandlung zu betrachten. Die zentrale Gestalt ist hier der Schulmeister, den Storm die Geschichte vom Deichgrafen Hauke Haien erzählen läßt. Nicht übersehen sollte man dabei die Tatsache, daß sich die aufklärerische Haltung des Erzählers und der Hauptgestalt der Binnenhandlung ähneln. Beide haben keinen Hang zum Irrationalen bzw. Mystischen. Storm übertrug dem Schulmeister, der von einer nüchternen Einstellung gegenüber dem Geschehen geprägt wird, die Rolle des Erzählers, um jede Mißdeutung seiner eigenen Auffassung auszuschließen. Nicht ein skurriles Männchen läßt er die Geschichte glaubhaft vortragen, sondern einen überzeugenden

Kenner mit positiven Wesenszügen. Es heißt z. B. von ihm, daß er sich „freundlich mit seinen feinen Augen fixierend“ (74) an den Zuhörer wendet, er sieht den Gast „mit verständnisvollem Lächeln an“ (9), und er blickt „mit seinen kleinen, klugen Augen“ (17) zum Deichgrafen auf, auch hat er „ein überlegenes, fast mitleidiges Lächeln auf seinen Lippen“ (55). Er ist alt, aber vital und geistig präsent, und damit kann man eine Parallele zu Storm selbst finden, wie er zur Zeit der Entstehung der Novelle *Der Schimmelreiter* war. Die inneren Ähnlichkeiten zwischen Theodor Storm und dem Binnenerzähler bestehen vor allem darin, daß beide aufgeklärter Geisteshaltung sind. Der Aberglaube wird von ihnen abgelehnt, und alles Spukhafte wird als nicht wirklich existent betrachtet – was nicht bedeutet, daß beide Irrationales grundsätzlich verneinen und die Bedeutung von Geheimnisvollem im Denken der Menschen (der Dichter selber war, wie bekannt, ein großer Freund von Spukgeschichten) nicht kennen. — Eine Gemeinsamkeit zwischen beiden, dem Autor und dem Binnenerzähler, liegt auch darin, daß sie Vorbehalte gegenüber dem Wesen des Deichgrafen Hauke Haien haben.

Dem Schulmeister in der Binnenerzählung kommt eine besondere Aufgabe zu. Er gibt eine Lebensbeschreibung mit erzieherischer Absicht. Mit Recht spricht W. Freund davon, der Lehrer sei „in erster Linie ein didaktisches Medium des Autors“.

Freund meint, Storm gebe mit diesem Erzähler, der sich mit der aufgeklärten Haltung Hauke Haiens weitgehend identifiziere, Einsichten und Erkenntnisse wieder und wirke damit auf den Leser ein. Überzogen ist aber W. Freunds Hinweis, Storm vermittle die Überzeugung, „daß das Irrationale nicht etwas Aufrechtzuerhaltendes, sondern etwas zu Überwindendes ist“.[50] Zwar überwiegt beim Schulmeister, für den das Okkulte in Wirklichkeit nicht existiert, das rationale Denken, doch läßt der Dichter manches offen; nicht zu leugnen ist, daß Storm den Sinnen nicht Faßbares als bei vielen Menschen vorhanden und wirksam darstellt. Die Rolle des Schulmeisters wird dadurch nicht geschmälert. Überzeugend ist der Erzähler schon deshalb, weil er gut und glaubwürdig darstellen kann. So wird seine Kompetenz als Berichtender von keinem der Anwesenden angezweifelt. Souverän gestaltet er seine „Geschichte“, und der Aufbau seiner Darstellung läßt Erfahrung erkennen.

Der Schulmeister erweist sich durchaus als das, was man heute einen „allwissenden“ Erzähler nennt. Er scheint nahezu alles zu wissen, und so können wir als Leser uns seiner erfahrenen Leitung leicht anvertrauen. Er wechselt die Schauplätze, läßt Episoden aus, rafft Handlungen, überspringt Vorgänge, gibt für ihn Wichtiges ausführlich wieder, erzählt aber von all dem, was für die Handlung von Bedeutung ist. Als „allwissender“ Erzähler gibt er Geschehnisse wieder, von denen niemand Zeuge war, und er kennt überdies Gedanken, die nie artikuliert wurden; so „begleitet“ er z. B. Hauke Haien auf seinen Wegen ans bzw. am Meer. Als auktorialer Erzähler kommentiert der Schulmeister das Geschehen, und zwar – wie schon erwähnt – in den Unterbrechungen der Binnenhandlung. Der Erzählende bleibt, auch wenn längere Passagen nicht unterbrochen werden, stets präsent; man weiß, daß hier ein Informierter und Engagierter dem Reisenden und damit uns erzählt, und das mit der Absicht, den Zuhörer zum Nachdenken zu bringen. Während dieses Erzählens, das in zwei verschiedenen Räumen eines Gasthauses stattfindet, wechselt die Zuhörerschaft, aber das ist ohne Bedeutung und steht nur mit dem spannenden Geschehen des 2. Rahmens in Verbindung; im Grunde erzählt er nur *einem* Unkundigen, dem Reisenden, der sozusagen die Stelle des neugierigen Lesers vertritt.

Der Schulmeister, Haupterzähler der Novelle, kann sich für das Dargestellte nicht verbürgen, beteuert aber am Ende, er habe alles „nach bestem Wissen“ (144) berichten können. Er bietet vor allem mündlich tradiertes Erzählgut, beruft sich auf die „Überlieferungen verständiger Leute“ (75) und hält alles für objektiv, weist aber darauf hin, andere könnten von seiner Darstellung abweichen (vgl. S. 144). Der Schulmeister bemüht sich zwar um objektives Darbieten, doch ist auch sein Erzählen nicht frei von Persönlichem. Aufschlußreich ist in diesem Zusammenhang, daß der im Grunde skeptische Erzähler dann in stärkerem Maße die Blickrichtung der dargestellten Personen einnimmt, wenn das Geschehen „spannend“ wird, z. B. bei der Schilderung des Pferdegerippes auf Jevershallig durch die zwei Knechte; allerdings unterläßt er es auch hier nicht, vom Aberglauben der beiden Abstand zu bewahren.

Man kann sich vorstellen, was aus der Geschichte würde, wenn man sie aus anderer Perspektive erzählte. Antje Vollmers – der Dichter verweist auf sie – brächte zweifelsohne völlig anderes zustande. Storm beschritt einen anderen Weg. Sein Binnenerzähler ist so angelegt, daß die rationale Blickrichtung durchaus zur Geltung kommt. Dennoch bleibt – wie an anderer Stelle ausführlicher dargelegt – das dem Leser Übermittelte ambivalent. Beachten sollte man in diesem Zusammenhang, daß Storm der okkulten Existenz des Schimmelreiters durch das Erlebnis des völlig neutralen und unvoreingenommenen Reisenden (vgl. S. 5) eine gewisse Beglaubigung zuteil werden läßt. Dieses geschickte erzählerische Vorgehen führt zu einer Deutungsoffenheit, die den Reiz der Lektüre erhöht.

6.2 Sprachliche Gestaltung

Albert Köster wies schon 1918 in seinen *Prolegomena zu einer Ausgabe der Werke Storms*[51] auf drei stilbildende Elemente in der dichterischen Sprache des Husumers hin: Holstendeutsch, Juristendeutsch und Literatursprache.

Besondere Beachtung verdient am *Schimmelreiter* die Regionalsprache, die im Bereich des Marschlandes Schleswig-Holsteins üblich war und ist. Die erste Buchausgabe der Novelle *Der Schimmelreiter* (Berlin 1888, Gebrüder Paetel) enthielt Hinweise „Für binnenländische Leser"; auf Anraten Erich Schmidts (Wien) und Jacob Baechtolds (Zürich) hatte sich Storm dazu entschlossen, dem Buch Erläuterungen der „Landesdeichsprache" hinzuzufügen. Heute, ein Jahrhundert nach der Erstausgabe, sind diese Worterklärungen, oft stark erweitert, in Textausgaben notwendiger denn je, da der Sprachgebrauch des Marschenlandes Schleswig-Holsteins zur Zeit der zweiten Hälfte des 19. Jahrhunderts heute im Binnenland noch weniger geläufig ist als früher.

Wenn Theodor Storm die wichtigsten Worterklärungen bot (vgl. das Kapitel „Materialien"), wollte er ein besseres Verständnis beim Leser erreichen. Mit Leichtigkeit wäre es ihm gewiß möglich gewesen, einige Ausdrücke (z. B. „Fenne" oder „Bestickung") durch allgemeinverständliche zu ersetzen. Darauf verzichtete er aber bewußt. Indem der Dichter Wendungen aus der Sprache des nordfriesischen Marschenlandes brachte, sorgte er für sprachliche Genauigkeit, die auch schon für einen Autor des Realismus manchmal von Bedeutung war (die Naturalisten gingen bei der Wiedergabe der „Sprache des Lebens" — wie Arno Holz sie nannte – allerdings viel weiter und waren konsequenter). Außerdem gelang es Storm, durch die Hereinnahme regionaler Ausdrücke die Atmosphäre zu erzeugen, die er für nützlich und notwendig hielt. In einigen Fällen war es zudem so, daß er Fachausdrücke, die im Bereich des Küstenlandes entstanden, verwenden mußte, weil es dafür keine allgemein verständliche hochdeutsche Version gibt (z. B. „Marsch", „Watten" und „Koog"). Die heute üblichen sprachlichen Erläuterungen zu Storms Novelle *Der Schimmelreiter* sind, wie schon angedeutet, weit umfangreicher als die Hinweise „Für binnenländische Leser" von 1888 — und das aus gutem Grund. Es zeigt sich nämlich, daß der Dichter nicht nur Wendungen aus der „Landesdeichsprache" brachte, sondern vieles aufnahm, das heute nicht mehr geläufig ist, also als veraltet bezeichnet werden kann. Beispiele sind: „fiel mir bei" (5) für „fiel mir ein", „verfehlte Brautschaft" (8) für „zerbrochenes Verlöbnis", „ingleichen" (11) für „auf gleiche Weise", „fürbaß" (19) für „rüstig weiter vorwärts schreiten", „einen Dienst besorgen" (23) für „in Dienst gehen", „abgetan" (23) für „erledigt", „osten der Haustür" (25) für „östlich der Haustür" und „um die Wege" (35) für „in der Nähe". Weitere Beispiele bietet der Abschnitt „Wort- und Sacherklärungen" des von Hans Wagener herausgegebenen Reclam-Bands zu Storms *Schimmelreiter*[52]. Es kann und soll hier nicht überprüft werden, inwieweit das als veraltet Bezeichnete schon zu Storms Zeiten nicht mehr durchweg üblich war. Die inhaltliche Rückwendung des Dichters im *Schimmelreiter*, einer „Chronik-Novelle", legt den Gedanken nahe, daß er des öfteren das sprachliche Gewand dem in der Vergangenheit angesiedelten anpaßte und so für ein überzeugendes Kolorit sorgte – so, wie er es tat, als er zahlreiche Ausdrücke des Marschlandes verwendete, um die richtige Atmosphäre zu schaffen. Man kann davon sprechen, daß Storm eine archaisierende, altertümelnde Stiltendenz hatte. Darauf wies August Procksch schon 1920 hin[53].

Diese Schreibweise des Husumers ist auch Teil des „Poetischen" in der Sprache Storms. Es ist das Verdienst von Marie Luise Gansberg[54], den Wortschatz des Dichters analysiert und entsprechende Tendenzen aufgezeigt zu haben. Die Besonderheit der Sprache des „Poetischen Realismus" liegt auch darin, daß die Wirklichkeit nicht so kraß dargestellt wird, sondern „schön" bzw. abgemildert wiedergegeben wird. *Der Schimmelreiter* läßt in der

Tat erkennen, daß Storm in der sprachlichen Gestaltung nicht zum Häßlichen in der Literatur neigte.

Ein Autor minderen Ranges wäre angesichts dieser Tendenz vielleicht der Verlockung erlegen, auf triviale Weise unrealistisch zu erzählen. Storms Werk ist – wie das mancher Verfasser der bürgerlichen Erzählkultur in der zweiten Hälfte des 19. Jahrhunderts – nicht frei von dekorativen Stilelementen, sprachlichen Klischees und starrer Ausdrucksweise; es überwiegt aber das individuelle, durchaus persönlich gefärbte und nach Abwechslung im Ausdruck suchende Schreiben. Das läßt allein schon die Wortwahl erkennen. Storm schätzt das treffende Adjektiv, das korrekt verwendete Partizip und das angemessene Verb. Selbst dramatische Passagen sind frei von falschem Pathos. Der Dichter ging ausgesprochen behutsam mit seinem sprachlichen Repertoire um; er trug nirgends zu kräftig auf. Ein Beispiel dafür ist das Ende der Binnenerzählung:

> Noch ein Sporenstich; ein Schrei des Schimmels, der Sturm und Wellenbrausen überschrie; dann unten aus dem hinabstürzenden Strom ein dumpfer Schall, ein kurzer Kampf.
> Der Mond sah leuchtend aus der Höhe; aber unten auf dem Deiche war kein Leben mehr als nur die wilden Wasser, die bald den alten Koog fast völlig überflutet hatten. Noch immer aber ragte die Werfte von Hauke Haiens Hofstatt aus dem Schwall hervor, noch schimmerte von dort der Lichtschein, und von der Geest her, wo die Häuser allmählich dunkel wurden, warf noch die einsame Leuchte aus dem Kirchturm ihre zitternden Lichtfunken über die schäumenden Wellen. (143f.)

Wie die Lektüre der Novelle leicht erkennen läßt, zeigt Storms *Schimmelreiter* den hypotaktischen Stil; der Autor neigt also mehr zum Satzgefüge als zur Satzreihe, mehr zur syntaktischen Unterordnung, weniger zur Beiordnung. Als Beispiel möge der Beginn der Binnenerzählung dienen:

> In der Mitte des vorigen Jahrhunderts, oder vielmehr, um genauer zu bestimmen, vor und nach derselben, gab es hier einen Deichgrafen, der von Deich- und Sielsachen mehr verstand, als Bauern und Hofbesitzer sonst zu verstehen pflegen; aber es reichte doch wohl kaum, denn was die studierten Fachleute darüber niedergeschrieben, davon hatte er wenig gelesen; sein Wissen hatte er sich, wenn auch von Kindesbeinen an, nur selber ausgesonnen. (9)

Ein solcher Stil – kunstvoll, aber nicht gekünstelt – gilt als Kennzeichen des Gebildeten. Wenn Storm einen Lehrer als den Gestalter seiner Binnenerzählung auswählte, so brauchte er seinem eigenen Stil nicht untreu zu werden, mußte sich also nicht verstellen. Der Husumer verfügte über das sprachliche Gestaltungsvermögen, das man heute mit dem Begriff „elaborierter Code" (Basil Bernstein) bezeichnet. Seine Sprache ist dabei eher die der gehobenen Mittelschicht, mithin vielen verständlich und vertraut, nicht die der exklusiven Oberschicht. Als Vertreter des Bildungsbürgertums verfügt er über einen großen Wortschatz, eine Vielzahl syntaktischer Konstruktionen (vor allem über verschiedene Möglichkeiten der Hypotaxe); er gebraucht geschickt und abwechslungsreich Adverbien, Adjektive, Konjunktionen und Präpositionen (was Differenzierungen zuläßt) und vermeidet stereotype Wendungen. Storms Schulmeister im *Schimmelreiter* — ein belesener und gebildeter Mann – erzählt durchweg so gewandt, wie man es von einem Mitglied seiner Schicht erwartet; er fällt nie aus der Rolle.

Zwei Textausschnitte sollen Storms Stilkunst in Grundzügen verdeutlichen; danach werden Syntax und Wortwahl an einigen Beispielen erläutert.

Während des Besuchs des Oberdeichgrafen verläßt Elke den Raum. Im Text heißt es:

> Elke, die das Frühstück bestellt hatte, ging eben, während die Gläser aneinanderklangen, mit leisem Lachen aus der Stubentür. Dann holte sie eine Schüssel Abfall aus der Küche und ging durch den Stall, um es vor der Außentür dem Federvieh vorzuwerfen. (35f.)

Die erste Periode, ein Satzgefüge, besteht aus einem Hauptsatz und zwei Gliedsätzen. Das an den Beginn gestellte und damit betonte Subjekt (Elke) wird durch einen Relativsatz (die das Frühstück bestellt hatte) ergänzt. Es folgt das Prädikat des Hauptsatzes (ging), an das sich eine Umstandsbestimmung der Zeit (eben) anschließt; diese wird durch einen mit der unterordnenden Konjunktion „während" eingeleiteten Temporalsatz näher erläutert. Dann wird der Hauptsatz durch eine Umstandsbestimmung der Art und Weise und eine solche des Ortes abgeschlossen. — Anders ist die zweite Periode strukturiert, die durch zwei Hauptsätze und einen anschließenden Gliedsatz gebildet wird. Nicht das Subjekt (sie) ist hier wichtig und wird an den Beginn gestellt, sondern der zeitliche Anschluß (dann), gefolgt vom Prädikat 1 (holte); an das Subjekt schließt sich das Akkusativobjekt (eine Schüssel Abfall) an, dann kommt eine Umstandsbestimmung des Ortes (aus der Küche). Der zweite Hauptsatz wird mit „und" anreihend angeschlossen. Das identische Subjekt (sie) wird beim zweiten Mal ausgespart; an das Prädikat 2 (ging) schließt sich gleich ein Adverbiale des Ortes an. Dann folgt ein mit „um" eingeleiteter Finalsatz.

Schon dieses Beispiel zeigt Storms syntaktischen Abwechslungsreichtum, außerdem die Verwendung verschiedener (nebenordnender oder unterordnender) Konjunktionen, einen sparsamen Adjektivgebrauch, eine gezielte Verbwahl und einen variablen Präpositionseinsatz (mit, aus, durch, vor).

Nach diesem Textausschnitt, der einen hypotaktischen Stil zeigt, soll noch eine parataktisch gebaute Passage analysiert werden. Von den Arbeiten am neuen Deich und dem Beginn des geplanten Tieropfers wird erzählt:

> Und durch alles Getöse des Wetters hörte man das Geräusch der Arbeiter: das Klatschen der hineingestürzten Kleimassen, das Rasseln der Karren und das Rauschen des von oben hinabgelassenen Strohes ging unaufhaltsam vorwärts; dazwischen war mitunter das Winseln eines kleinen gelben Hundes lautgeworden, der frierend und wie verloren zwischen Menschen und Fuhrwerken herumgestoßen wurde; plötzlich aber scholl ein jammervoller Schrei des kleinen Tieres von unten aus der Schlucht herauf. Hauke blickte hinab; er hatte es von oben hinunterschleudern sehen; eine jähe Zornesröte stieg ihm ins Gesicht. (105f.)

Es handelt sich hier – von einem Relativsatz abgesehen – um eine Abfolge von Hauptsätzen. Der erste Hauptsatz schließt mit „und" an Haukes Appell an. Die Satzstruktur (Adverbiale, Prädikat, Subjekt, Akkusativobjekt) macht es möglich, daß nach einem Doppelpunkt aufgezählt werden kann. Drei Subjekten mit Genitivattributen, durch Kommata getrennt, folgt das Prädikat (ging vorwärts), das durch ein Adverb erläutert wird. Die reihende Satzgestaltung geht dann mit zwei Hauptsätzen weiter, die jeweils mit Semikolon schließen und damit einen unmittelbaren Zusammenhang signalisieren; erst nach „herauf" steht ein Punkt. Der reihende Anschluß erfolgt lokal bzw. temporal (dazwischen, plötzlich). Diese Spitzenstellung betont den Ort bzw. die Zeit des Geschehens. Das Prädikat (war lautgeworden, scholl herauf) steht jeweils an zweiter Stelle, dann folgt das Subjekt (das Winseln, ein jammervoller Schrei) mit Attributen. Adverbiale Angaben (mitunter, von unten aus der Schlucht) sind Erläuterungen zum Geschehen. Bis zum Punkt kommen nur zwei nebenordnende Konjunktionen vor; das eine Bindewort (und) ist reihend, das andere (aber) adversativ. Die parataktische Gestaltung wird nur einmal von einem Relativsatz („der...wurde") unterbrochen; er enthält Informationen über den Hund. — Die nun folgenden drei Hauptsätze, wiederum jeweils durch ein Semikolon abgeschlossen und eine Satzreihe bildend, sind anders gestaltet. Die Spitzenstellung hat hier nicht eine örtliche oder zeitliche Angabe, sondern das Subjekt (Hauke, er, eine jähe Zornesröte), das von besonderer Bedeutung ist; das Prädikat schließt sich stets unmittelbar an. Die Satzreihe ist hier asyndetisch, d. h., es kommen keine Konjunktionen vor. — Es ist nur ein Adjektiv (jähe) vorhanden (in attributiver Stellung). Adverbien bzw. Umstandsbestimmungen präzisieren die Aussagen der Prädikate (blickte, hatte, sehen, stieg). — Auch dieser zweite Textausschnitt, der sich stilistisch eindrucksvoll von dem ersten abhebt, stellt Storms sprachliches Gestaltungsvermögen unter Beweis.

Storms Erzählstil in seiner letzten Novelle ist geprägt von einer variablen Verwendung syntaktischer Möglichkeiten. Auffällig ist sein funktionaler Einsatz des unterordnenden Stils. Die extreme Hypotaxe – gemeint ist damit ein starkes Überwiegen des Satzgefüges – dient zum Beispiel der zeitlichen Tiefenwirkung im Erzählrahmen.
Der äußere Rahmen beginnt mit den Worten:

> Was ich zu berichten beabsichtige, ist mir vor reichlich einem halben Jahrhundert im Hause meiner Urgroßmutter, der alten Frau Senator Feddersen, kundgeworden, während ich, an ihrem Lehnstuhl sitzend, mich mit dem Lesen eines in blaue Pappe eingebundenen Zeitschriftenheftes beschäftigte: ich vermag mich nicht mehr zu entsinnen, ob von den *Leipziger* oder von *Pappes Hamburger Lesefrüchten*. (3)

Der Beginn des inneren Rahmens läßt eine ähnliche stilistische Gestaltung erkennen:

> Es war im dritten Jahrzehnt unseres Jahrhunderts, an einem Oktobernachmittag – so begann der damalige Erzähler —, als ich bei star-

> kem Unwetter auf einem nordfriesischen Deich entlangritt. Zur Linken hatte ich jetzt schon seit über einer Stunde die öde, bereits von allem Vieh geleerte Marsch, zur Rechten, und zwar in unbehaglichster Nähe, das Wattenmeer der Nordsee; zwar sollte man vom Deiche aus auf Halligen und Inseln sehen können; aber ich sah nichts als die gelbgrauen Wellen, die unaufhörlich wie mit Wutgebrüll an den Deich hinaufschlugen und mitunter mich und das Pferd mit schmutzigem Schaum bespritzten [...]. (3 f.)

Die ausgeprägte Hypotaxe dient auch als Mittel der raffenden chronikalischen Berichterstattung.

Typisch dafür ist der Beginn der Erzählung des Schulmeisters (S. 9, vgl. S. 38 dieses Buches). Ein weiteres Beispiel ist der Bericht über Haukes Leben im Hause des Deichgrafen:

> Und Hauke hatte so unrecht nicht gehabt; die Welt, oder was ihm die Welt bedeutete, wurde ihm klarer, je länger sein Aufenthalt in diesem Hause dauerte; vielleicht um so mehr, je weniger ihm eine überlegene Einsicht zu Hilfe kam, und je mehr er auf seine eigene Kraft angewiesen war, mit der er sich von jeher beholfen hatte. Einer freilich war im Hause, für den er nicht der Rechte zu sein schien; das war der Großknecht Ole Peters, ein tüchtiger Arbeiter und ein maulfertiger Geselle. Ihm war der träge, aber dumme und stämmige Kleinknecht von vorhin besser nach seinem Sinn gewesen, dem er ruhig die Tonne Hafer auf den Rücken hatte [...] laden können. (29)

Des weiteren dient die weitgehende Hypotaxe als Mittel der Beschreibung. Ein Beispiel ist der Beginn der Jevershallig-Episode (S. 75), ein anderes Haukes Erleben des gefährdeten Deiches bei Tageslicht:

> — — Am folgenden Vormittag, als er wieder auf den Deich hinauskam, war die Welt eine andere, als wie er sie tags zuvor gefunden hatte; zwar war wieder hohe Ebbe, aber der Tag war noch im Steigen, und eine lichte Frühlingssonne ließ ihre Strahlen fast senkrecht auf die unabsehbaren Watten fallen; die weißen Möwen schwebten ruhig hin und wider, und unsichtbar über ihnen, hoch unter dem azurblauen Himmel, sangen die Lerchen ihre ewige Melodie. Hauke, der nicht wußte, wie uns die Natur mit ihrem Reiz betrügen kann, stand auf der Nordwestecke des Deiches und suchte nach dem neuen Bett des Prieles, das ihn gestern so erschreckt hatte [...]. (126f.)

Neben dem in weiten Teilen hypotaktischen Stil läßt Storms *Schimmelreiter* den kunstvollen Einsatz der parataktischen Fügung erkennen, die bis zur Satzlosigkeit gehen kann. Ihr begegnen wir besonders dort, wo der Handlungsfluß eine dramatische Beschleunigung erfährt.

Ein Beispiel sind Sturmszenen der Novelle. Der Beginn der großen Sturmflut wird weitgehend parataktisch wiedergegeben:

> Es war Allerheiligen, im Oktober. Tag über hatte es stark aus Südwest gestürmt; abends stand ein halber Mond am Himmel, dunkelbraune Wolken jagten überhin, und Schatten und trübes Licht flogen auf der Erde durcheinander; der Sturm war im Wachsen. Im Zimmer des Deichgrafen stand noch der geleerte Abendtisch; die Knechte waren in den Stall gewiesen, um dort des Viehes zu achten; die Mägde mußten im Hause und auf den Böden nachsehen, ob Türen und Luken wohlverschlossen seien, daß nicht der Sturm hineinfasse und Unheil anrichte. Drinnen stand Hauke neben seiner Frau am Fenster; er hatte eben sein Abendbrot hinabgeschlungen; er war draußen auf dem Deich gewesen. (132)

Auch der weitere Verlauf der Sturmflut wurde von Storm vielfach auf ähnliche Weise gestaltet. Von Haukes mutigem Ritt zum Deich kann man lesen:

> „Vorwärts!“ rief er wieder, und schon hob der Schimmel zu neuem Rennen seine Hufen; da setzte der Sturm plötzlich aus, eine Totenstille trat an seine Stelle; nur eine Sekunde lang, dann kam er mit erneuter Wut zurück (...). Eine furchtbare Böe kam brüllend vom Meer herüber, und ihr entgegen stürmten Roß und Reiter den schmalen Akt zum Deich hinan. Als sie oben waren, stoppte Hauke mit Gewalt sein Pferd. Aber wo war das Meer? Wo Jeverssand? Wo blieb das Ufer drüben? — — Nur Berge von Wasser sah er vor sich [...]. (136f.).

Parataktische Gestaltung zeigen auch hervorgehobene Aktionsszenen. Die unter Zeitdruck stehenden Arbeiten am neuen Deich, die Hauke immer wieder drängend vorantreibt, schildert Storm wie folgt:

> Der Regen strömte, der Wind pfiff; aber seine hagere Gestalt auf dem feurigen Schimmel tauchte bald hier, bald dort aus den schwarzen Menschenmassen empor, die oben wie unten an der Nordseite des Deiches neben der Schlucht beschäftigt waren. Jetzt sah man ihn unten bei den Sturzkarren [...]. Und wieder kamen neue Karren, und Hauke war schon wieder oben und sah von seinem Schimmel in die Schlucht hinab und wie sie dort schaufelten und stürzten; dann warf er seine Augen nach dem Haf hinaus. Es wehte scharf, und er sah, wie mehr und mehr der Wassersaum am Deich hinaufklimmte und wie die Wellen sich noch höher hoben; er sah auch, wie die Leute trieften

und kaum atmen konnten in der schweren Arbeit vor dem Winde, der ihnen die Luft am Munde abschnitt, und vor dem kalten Regen, der sie überströmte. (104 f.)

Dramatisch-straff ist auch eine andere Passage ausgefallen, die den Deichgrafen auf dem Weg zum gefährdeten Deich zeigt:

— — Der Deichgraf Hauke Haien jagte auf seinem Schimmel dem Deiche zu. Der schmale Weg war grundlos, denn die Tage vorher war unermeßlicher Regen gefallen; aber der nasse, saugende Klei schien gleichwohl die Hufen des Tieres nicht zu halten, es war, als hätte es festen Sommerboden unter sich. [...] (136)

Parataktischen Stil findet man auch in szenischen Dialogen. Ein Beispiel ist Haukes Gespräch mit Ole Peters, zwei Gevollmächtigten und einem Koogbewohner. Sein Beginn lautet:

„Du kommst wohl von draußen, Deichgraf?" sagte der erstere, nahm die halb ausgeteilten Karten auf und warf sie wieder hin.
„Ja, Ole", erwiderte Hauke; „ich war dort; es sieht übel aus."
„Übel? — Nun, ein paar hundert Soden und eine Bestickung wird's wohl kosten; ich war dort auch am Nachmittag." „So wohlfeil wird's nicht abgehen, Ole", erwiderte der Deichgraf, „der Priel ist wieder da, und wenn er jetzt auch nicht von Norden auf den alten Deich stößt, so tut er's doch von Nordwesten!" (125)

Die eben erwähnte wörtliche Rede ist ein besonderes weiteres Stilmittel Storms. Aus gutem Grund übernahm er eine Erzählmöglichkeit des Gebildeten nicht, nämlich den häufigen Gebrauch der indirekten Rede.

Seine Erzählung ist – ganz im Gegenteil – davon geprägt, daß er in reichem Maße die wörtliche Rede verwendete. Beispiele sind im *Schimmelreiter* in Fülle vorhanden. Eine Passage aus dem 4. Erzählabschnitt möge zur Verdeutlichung des erwähnten dienen:

Der alte Manners hob lächelnd das schwarze Sammetkäppchen von seinen weißen Haaren: „Herr Oberdeichgraf", sagte er, „das Spiel würde zu kurz werden; als der verstorbene Tede Volkerts Deichgraf, da wurde ich Gevollmächtigter und bin es nun schon vierzig Jahre!
„Das ist kein Mangel, Manners; so kennt Ihr die Geschäfte um so besser und werdet nicht Not mit ihnen haben!"
Aber der Alte schüttelte den Kopf: „Nein, nein, Euer Gnaden, lasset mich, wo ich bin, so laufe ich wohl noch ein paar Jahre mit!"
Der Pastor stand ihm bei: „Weshalb", sagte er, „nicht den ins Amt nehmen, der es tatsächlich in den letzten Jahren doch geführt hat?" (62f.)

Diese Art der Gestaltung macht die Erzählung lebendig. Sie rückt die Novelle überdies in die Nähe des Dramas, und so bewahrheitet sich auch sprachlich des Dichters Behauptung, die Novelle sei die „Schwester des Dramas". Viele Abschnitte sind so gestaltet, daß man die Dialoge leicht übernehmen kann, z. B. im Film oder im Hörspiel; man braucht oft nur Passendes auszuwählen und ist nicht gezwungen, völlig neu zu gestalten.

Im Rahmen einer kurzen sprachlichen Analyse der Novelle *Der Schimmelreiter* sind auch weitere Hinweise auf die Wortwahl angebracht, die das schon Erwähnte ergänzen.

Storm gehörte zu den deutschen Dichtern, die über einen außerordentlich großen Wortschatz verfügen. In seiner Untersuchung *Der Wortschatz Theodor Storms* stellte August Procksch 1914 fest, der Husumer verfüge über eine Gesamtsumme von 22 421 verschiedenen Wörtern, und er folgerte daraus: „Mit diesem Wortschatze übertrifft Storm alle Schriftsteller, soweit wir davon Schätzung haben; auch Shakespeare, von dem man bisher angenommen hat, daß sein Sprachschatz ganz unerreicht dastehe."[55]

Angesichts der Reichhaltigkeit, welche die genannte Untersuchung von Procksch bezeugt, stand Storm stets das angemessene Wort zur Verfügung. Es gilt hier nicht, wie durch Procksch geschehen, „die Gebiete zu untersuchen, aus denen er seinen Sprachschatz gewinnt."[56] Vielmehr sollen – mit Hilfe einiger Textstellen – Besonderheiten des Wortgebrauchs aufgezeigt werden. Dabei könnten drei Wortarten im Mittelpunkt stehen: Substantive, Verben und Adjektive. Schon Marie Luise Gansberg stellte in ihrer Untersuchung von 1964[57] diese Wortarten besonders heraus und hielt sie für sehr gut geeignet, Stiltendenzen aufzuzeigen. Da für Storms Sprache im *Schimmelreiter* der Adjektivgebrauch besonders aufschlußreich ist, soll diese Wortart in stärkerem Maße Beachtung finden. Partizipien und Adverbien, die auf ihrem jeweiligen Gebiet eine ähnliche Aufgabe haben (nähere Angaben oder Stellungnahmen von seiten des Schreibenden bzw. Sprechenden zu den Wesen oder Dingen bzw. Sein oder Geschehen), sollen in die Analyse mit einbezogen werden. Anhand einiger Textstellen kann gezeigt werden, wo Storm diese Wortarten auffallend häufig gebraucht bzw. wo er sparsamer damit umgeht.

Besonders die Abschnitte der Novelle, in denen Storm ausführlich beschreibt (sie sind, wie dargelegt, weitgehend hypotaktisch gestaltet), zeigen einen reichen Attribut- und Adverbialgebrauch. Ein Beispiel ist die Beschreibung des neuen Deiches:

> Als es in den Oktober hineinging, stand an der Westseite die *neue* Schleuse schon *fest* in dem von beiden Seiten *schließenden* Hauptdeich, der bis auf die Lücken bei dem Priele nun mit seinem *sanften* Profile *ringsum* nach den Wasserseiten abfiel und um fünfzehn Fuß die *ordinäre* Flut überragte. Von seiner Nordwestecke sah man an Jevershallig vorbei *ungehindert* in das Wattenmeer hinaus; aber freilich auch die Winde faßten hier *schärfer*; die Haare flogen, und wer hier ausschauen wollte, der mußte die Mütze *fest* auf dem Kopf haben. (104)

Alle Berichte, die ruhige Handlungen wiedergeben (mithin ebenfalls überwiegend mit hypotaktischem Satzbau), enthalten viele attributiv gebrauchte Adjektive bzw. Partizipien und etliche Adverbien. Ein Beispiel ist der Beginn des Eisboselns:

> Auf der *weiten* Weidefläche, die sich zu Osten an der Landseite des Deiches entlangzog, sah man am Nachmittag darauf eine *dunkle* Menschenmasse bald *unbeweglich* stillestehen, bald, nachdem zweimal eine *hölzerne* Kugel aus derselben über den durch die Tagessonne jetzt vom Reif *befreiten* Boden hingeflogen war, abwärts von den hinter ihr liegenden *langen* und *niedrigen* Häusern *allmählich* weiter rücken; die Parteien der Eisbosler in der Mitte, umgeben von alt und jung, was mit ihnen, sei es in jenen Häusern oder in denen droben auf der Geest, Wohnung oder Verbleib hatten; die *älteren* Männer in *langen* Röcken, *bedächtig* aus kurzen Pfeifen *rauchend*, die Weiber in Tüchern und Jacken, auch wohl Kinder an den Händen *ziehend* oder auf den Armen *tragend*. Aus den *gefrorenen* Gräben, welche *allmählich* überschritten wurden, funkelte durch die *scharfen* Schilfspitzen der bleiche Schein der Nachmittagssonne; es fror *mächtig*, aber das Spiel ging *unablässig* vorwärts, und aller Augen verfolgten immer wieder die *fliegende* Kugel, denn an ihr hing heute für das *ganze* Dorf die Ehre des Tages. (40f.)

Adjektive, Partizipien und Adverbien sind vor allem dort in reichem Maße zu finden, wo die hypotaktische Gestaltung überwiegt. Storm bietet hier insbesondere Berichte, Beschreibungen und Schilderungen. Überwiegend parataktisch gehaltene Abschnitte – vor allem dramatische Textstellen, hervorgehobene Aktionsszenen und szenische Dialoge – sind dagegen sprachlich karger ausgestattet. Ein Beispiel ist eine dramatisch gestaltete Passage, die Hauke Haien im letzten Kampf gegen Sturm und Wasser zeigt:

> Aber Sturm und Meer waren nicht *barmherzig*, ihr Toben zerwehte seine Worte; nur seinen Mantel hatte der Sturm erfaßt, es hätte ihn *bald* vom Pferd herabgerissen; und das Fuhrwerk flog ohne Aufenthalt der *stürzenden* Flut entgegen. Da sah er, daß das Weib wie gegen ihn hinauf die Arme streckte: Hatte sie ihn erkannt? Hatte die Sehnsucht, die Todesangst um ihn sie aus dem *sicheren* Haus getrieben? (142f.)

Auch szenische Dialoge, weitgehend parataktisch gestaltet, zeigen diesen eher zurückhaltenden Gebrauch von Adjektiven, Partizipien und Adverbien. Ein Beispiel ist der Schluß des Gesprächs zwischen Hauke Haien mit Ole Peters, zwei Deichgevollmächtigten und einem Koogbewohner:

> „Zum Glück ist's nicht so *schlimm*; er hat diesmal gehalten und wird es auch noch *ferner* tun! Steig nur morgen wieder auf deinen Schimmel und sieh es dir noch einmal an!"
> Hauke war aus dem Frieden seines Hauses hierhergekommen; hinter den immerhin noch *gemäßigten* Worten, die er *eben* hörte, lag – er konnte es nicht verkennen – ein *zäher* Widerstand; ihm war, als fehle ihm dagegen noch die *alte* Kraft. „Ich will tun, wie du es rätst, Ole", sprach er, „nur fürcht ich, ich werd es finden, wie ich es heut gesehen habe." (126)

Wie die vier Textausschnitte zeigen, verwendete Storm Adjektive, Partizipien und Adverbien unterschiedlich intensiv. Die Hinweise auf den differenzierten Gebrauch sollen durch ein Beispiel abgerundet werden. Auch die hervorgehobenen Aktionsszenen, überwiegend parataktisch gestaltet, enthalten weniger Adjektive, Partizipien und Adverbien als z. B. die raffenden chronikalischen Abschnitte, die Passagen mit zeitlicher Tiefenwirkung und die genauen Beschreibungen. Das beweist eine Textstelle, in der von Haukes Weg zum gefährdeten Deich erzählt wird:

> War es der Vogel seines Kindes? Hatte er Roß und Reiter erkannt und sich bei ihnen bergen wollen? — Der Reiter wußte es nicht. „Vorwärts!" rief er wieder, und schon hob der Schimmel zu *neuem* Rennen seine Hufen; da setzte der Sturm *plötzlich* aus, eine Totenstille trat an seine Stelle; nur eine Sekunde lang, dann kam er mit *erneuter* Wut zurück; aber Menschenstimmen und *verlorenes* Hundegebell waren inzwischen an des Reiters Ohr geschlagen, und als er *rückwärts* nach seinem Dorf den Kopf wandte, erkannte er in dem Mondlicht,

> das hervorbrach, auf den Werften und vor den Häusern Menschen, an *hochbeladenen* Wagen umherhantierend; er sah, wie im Fluge, noch andere Wagen *eilend* nach der Geest hinauffahren; Gebrüll von Rindern traf sein Ohr [...]. (136 f.)

Zu Storms Adjektivgebrauch sind noch einige zusätzliche Hinweise angebracht.

Der Dichter verwendet diese Wortart, die etliche Aufgaben hat (Unterscheidung, Beurteilung, Anschauung, Stimmung), ohne jeden Hang zur Übertreibung. Sein Stil ist nicht dadurch gekennzeichnet, daß er z. B. schmückende Beiwörter sucht und seinen Text damit bereichert. Er sucht stets das passende Attribut und arbeitet sprachlich präzise. Der Dichter verwendet jeweils das richtige Beiwort, d. h. das Adjektiv, das wirklich etwas leistet und dem Satz Wichtiges hinzufügt. Er wählt es mit Bedacht, und er kann das allein deswegen tun, weil er sich eines geeigneten Substantivs bedient, das Aussagekraft genug besitzt. Die zuletzt wiedergegebene Textstelle ist ein Beweis für diese Behauptung. „Rennen", „Sturm", „Totenstille", „Wut" und „Gebrüll" benötigen kein Attribut, da sie treffend ausgewählt wurden.

Der Blick auf Storms Wortgebrauch im *Schimmelreiter* soll mit Hinweisen auf seine Stiltendenz abgeschlossen werden. Die Wortwahl bei der sprachlichen Gestaltung wichtiger Themen läßt entsprechende Schlüsse zu.

Theodor Fontane schrieb 1883: „Der echte Realismus wird auch immer schönheitsvoll sein; denn das Schöne, Gott sei Dank, gehört dem Leben gerade so gut an wie das Häßliche. Vielleicht ist es noch nicht einmal erwiesen, daß das Häßliche präponderiert. [...]"[58] Theodor Storm, ebenfalls ein Vertreter des Poetischen Realismus, stand in seinem Schaffen dem neuen literarischen Stil, dem Naturalismus, ähnlich fern. Er neigte dazu, die Dinge des Lebens gelassen und voller Weltvertrauen wiederzugeben, überzeugt von der im Grunde vorhandenen Werthaltigkeit. Marie Luise Gansberg spricht von einer „Verklärungstendenz" bei Storm.[59] Dieser Stilwille liegt für sie dann vor, „wenn ein unangenehmer, häßlicher, roher oder grausamer Tatbestand in wesentlich abgedämpftem, womöglich schönem Wortmaterial wiedergegeben, eine graduelle stilistische Milderung des faktischen Gehalts erreicht wird"[60]. Substantive, Verben und Adjektive lassen ihres Erachtens die erwähnte sprachliche Tendenz besonders gut erkennen.

Storms *Schimmelreiter* trägt Kennzeichen dieses Stils. Einige Beispiele müssen im Rahmen der vorliegenden Untersuchung genügen. Der Schwachsinn Wienkes wird außerordentlich zurückhaltend geschildert; der pathologische Tatbestand wird durch die Wortwahl gemildert. Über das „stille Kind" (111) schreibt Storm:

> [...] es sprach wenig, das stete Fragen, was den aufgeweckten Kindern eigen ist, kam selten und meist so, daß dem Gefragten die Antwort darauf schwer wurde; aber ihr liebes, einfältiges Gesichtlein trug fast immer den Ausdruck der Zufriedenheit. (111)

Ähnlich behutsam wird auch dargestellt, wie Elke und Hauke sich den Schwachsinn ihres Kindes eingestehen:

> Und Elke öffnete die Tür und ließ das Kind hinaus. Als sie dieselbe wieder geschlossen hatte, schlug sie mit einem Ausdruck des tiefsten Grams die Augen zu ihrem Manne auf, aus denen ihm sonst nur Trost und Mut zu Hilfe gekommen war.
> Er reichte ihr die Hand und drückte sie, als ob es zwischen ihnen keines weiteren Wortes bedürfe; sie aber sagte leis: „Nein, Hauke, laß mich sprechen: das Kind, das ich nach Jahren dir geboren habe, es wird für immer ein Kind bleiben. O lieber Gott! es ist schwachsinnig; ich muß es einmal vor dir sagen."
> „Ich wußte es längst", sagte Hauke und hielt die Hände seines Weibes fest, die sie ihm entziehen wollte. (117f.)

Der geistige Verfall des alten Deichgrafen wird ähnlich sanft und eher andeutend wiedergegeben:

> Der starke, etwas schlagflüssige Hauswirt saß am Ende des blankgescheuerten Tisches im Lehnstuhl auf seinem bunten Wollenpolster. Er hatte seine Hände über dem Bauch gefaltet und starrte aus seinen runden Augen befriedigt auf das Gerippe einer fetten Ente; Gabel und Messer ruhten vor ihm auf dem Teller. (26)

Vom Sterben dieses Mannes bietet Storm keine krassen, häßlichen Details; er begnügt sich damit, den Tod mit gedämpften Wendungen darzustellen:

> Elkes Vorahnung war in Erfüllung gegangen; eines Morgens nach Ostern hatte man den Deichgrafen Tede Volkerts tot in seinem Bett gefunden; man sah's an seinem Antlitz, ein ruhiges Ende war darauf geschrieben. (59)

Selbst dann, wenn Storm eine Sterbeszene nicht ausspart, nimmt er dem traurigen Ereignis dadurch seine Härte, daß er den Todeskampf nicht schildert und eher den Abglanz des Todes und die Wirkung auf Anwesende wiedergibt. Vom Ableben der Trin' Jans kann man lesen:

> In das Antlitz der Sterbenden grub eben der Tod das hippokratische Gesicht, und das Kind starrte atemlos auf die unheimliche, ihr unverständliche Verwandlung des unschönen, aber ihr vertrauten Angesichts. [...] Ihre Arme sanken, ein leises Krachen der Bettstatt wurde hörbar; sie hatte aufgehört zu leben. (129f.)

Der Kunstgriff des Aussparens und Verschweigens zeigt sich in besonderem Maße bei der Wiedergabe von Haukes Tod:

> Noch ein Sporenstich; ein Schrei des Schimmels, der Sturm und Wellenbrausen überschrie; dann unten aus dem hinabstürzenden Strom ein dumpfer Schall, ein kurzer Kampf. (143)

Ähnlich zurückhaltend schildert Storm die furchtbaren Auswirkungen der Flutwelle beim Deichbruch; er vermeidet alles Kraß-Naturalistische und bietet ein erträgliches Bild des Schrecklichen:

> Der Mond sah leuchtend aus der Höhe; aber unten auf dem Deiche war kein Leben mehr als nur die wilden Wasser, die bald den alten Koog fast völlig überflutet hatten. Noch immer aber ragte die Werfte von Hauke Haiens Hofstatt aus dem Schwall hervor, noch schimmerte von dort der Lichtschein, und von der Geeste her, wo die Häuser allmählich dunkel wurden, warf noch die einsame Leuchte aus dem Kirchturm ihre zitternden Lichtfunken über die schäumenden Wellen. (143f.)

Diese Beispiele zeigen Storms „Aussparungs- und Verklärungstendenz" (Gansberg)[61] auf eindrucksvolle Weise.

Storms *Schimmelreiter*-Erzählung ist – was anhand vieler weiterer Details belegt werden könnte – ein sprachliches Kunstwerk. Das ist das Ergebnis umsichtigen Arbeitens. Die sprachliche Gestaltung von Storms Novellen zeigt, daß er stets kritisch vorging. Immer wieder fand er etwas, das man stilistisch verbessern konnte; das zeigen die auf uns gekommenen Textvarianten und kleinen Abänderungen von Ausgabe zu Ausgabe. Auch *Der Schimmelreiter* wurde, obwohl er von dem schwerkranken Dichter nur mit großer Mühe bewältigt wurde, sprachlich verbessert, vor allem dann, als er ab dem 24. Februar 1888 die Korrekturbogen für den Verleger

Paetel durchlas.[62] Storm korrigierte manches; am 10. März 1888 beendete er die Durchsicht und war in der Lage, die Korrekturbogen abzusenden[63]. Größere Veränderungen ergaben sich aber nicht, da Storm krank war und sich unwohl fühlte. — Dem Soziologen Ferdinand Tönnies (1855-1936) gegenüber ließ er am 7. April 1888 in einem Brief erkennen, daß ihn die sprachliche Gestaltung seiner umfangreichsten Novelle weiterhin beschäftigte; er stellte für die Buchausgabe Wort- und Sacherklärungen in Aussicht, und er war darum bemüht, einige Formulierungen zu verbessern. Storm schrieb aber:

> Es ist mir übrigens sehr lieb, daß auch das Werk, wie es jetzt ist, eine Wirkung auf Sie ausgeübt hat; denn zu einer Umarbeitung würde ich schwerlich kommen; meine Greisenmüdigkeit erschrickt davor, und – die Sache ist sehr heikel, was ich während der Arbeit deutlich genug empfunden habe; man verliert hier sehr leicht auf der einen Seite, was man auf der andern dadurch gewönne: ‚Transeat cum ceteris' pflegte Heyse zu sagen.[64]

7
Hauke Haien: Wesenszüge, Entwicklung und Schicksal

7.1
Hauke als Junge

Schon der junge Hauke Haien zeigt Eigenschaften, die sein weiteres Leben prägen. So berichtet der Schulmeister bereits am Beginn seiner Darstellung: „[...] sein Wissen hatte er sich, wenn auch von Kindesbeinen an, nur selber ausgesonnen“ (9). Vom Vater angeregt, befaßt er sich schon als Knabe mit mathematischen Fragen und stellt, wenn der Vater seine Berechnungen nicht hinreichend begründen kann, „eine eigene Meinung darüber auf“ (10). Tede Haien verweist den wißbegierigen Sohn auf eine Euklid-Ausgabe in holländischer Sprache. Haukes hartnäckige, unbeirrbare Strebsamkeit zeigt sich dann darin, daß er sich von den sprachlichen Schwierigkeiten nicht abhalten läßt, sondern mit Hilfe einer kleinen holländischen Grammatik den Inhalt des Buches nach geraumer Zeit „fast überall“ (10) verstehen kann. Der Versuch des Vaters, den Sohn von diesem ungewöhnlichen Tun abzubringen, schlägt fehl; als Hauke – zusammen mit anderen Arbeitskräften – von Ostern bis Martini am Deich Erdarbeiten ausführen muß, zieht er in jeder freien Minute den geliebten Euklid aus der Tasche und studiert weiter darin. Der kluge Rechner entwickelt sich dann mehr und mehr zum Deichtechniker, der über die einschlägigen Probleme gründlich nachdenkt. Im Spätherbst, als die Deicharbeiten eingestellt sind, hält er sich alleine am Meer auf und beobachtet vor allem die Stelle, wo die Flut den steilen Deich angreift. Seinem erstaunten Vater gegenüber meint er, die Deiche seien nichts wert und müßten auf der Meerseite nicht so steil verlaufen, um so der möglichen Sturmflut standzuhalten. Des Vaters scherzender Hinweis, Hauke könne es mit dieser Erkenntnis „vielleicht zum Deichgraf bringen“ (13), wird von dem Sohn durchaus ernstgenommen. Schon jetzt ist er von sich und seinem Können überzeugt. Seine Haltung läßt aber nicht nur Selbstsicherheit erkennen, sondern auch schon Überheblichkeit. Sie zeigt sich auch dann, als er, auf dem Deich sitzend, den tobenden Wellen zuruft: „Ihr könnt nichts Rechtes, so wie die Menschen auch nichts können!“ (13 f.). Viel später bringt ihm diese Haltung den Argwohn und die Verachtung der meisten Mitbürger ein.

Der kluge Rechner und rationale Denker wird durch Experimente zum phantasievollen Planer, der zu Hause ein besseres Deichprofil entwickelt. Sein zielstrebiges Arbeiten macht ihn zu einem Einsamen. Hauke ist auch gar nicht daran interessiert, sich mit seinesgleichen abzugeben, und die ehemaligen Schulkameraden meiden den „Träumer" (14) – so, wie es später die meisten Mitmenschen tun werden.

Eine Vorausdeutung auf Künftiges liegt daneben darin, daß Hauke Haien, der Rationalist und Techniker, ein eigenartiges, im Grunde nicht zu erwartendes Verhältnis zur Welt des Geheimnisvollen und Unheimlichen hat. Als im Februar bei Frostwetter aufgedunsene Leichen angeschwemmt werden, ist er von diesem Anblick – für seinen Vater nichts Ungewöhnliches und Neues – geradezu fasziniert, und so sucht er mehrfach den Deich auf. Er meint, von dem seltsamen Schauspiel sich bewegender Gebilde erregt, es könnten „die Geister der Ertrunkenen" (16) sein, die hier ihren Spuk treiben. Der Schulmeister erzählt von Haukes weiteren Gedanken:

> Da kamen ihm die furchtbaren norwegischen Seegespenster in den Sinn, von denen ein alter Kapitän ihm einst erzählt hatte, die statt des Angesichts einen stumpfen Pull von Seegras auf dem Nacken tragen; aber er lief nicht fort, sondern bohrte die Hacken seiner Stiefel fest in den Klei des Deiches und sah starr dem possenhaften Unwesen zu, das in der einfallenden Dämmerung vor seinen Augen fortspielte. „Seid ihr auch hier bei uns?" sprach er mit harter Stimme; „ihr sollt mich nicht vertreiben!" (16)

Neben diesem Hinweis auf Hauke Haiens besondere Wesenszüge, die später nicht nur sein Verhalten prägen, sondern auch die Phantasie der Mitmenschen beschäftigen (und zwar mehr, als es angemessen ist), enthält der Bericht über den Knaben Hauke noch eine weitere Andeutung, die Zukünftiges betrifft. Man erfährt davon, daß die spätere Ehe von einem unglücklichen Geschöpf überschattet sein wird. Die Passage endet mit den Worten:

> Erst viele Jahre später hat er sein blondes Mädchen, womit später der Herrgott ihn belastete, um dieselbe Tages- und Jahreszeit mit sich auf den Deich hinausgenommen, und dasselbe Wesen soll sich derzeit draußen auf den Watten gezeigt haben; aber er hat ihr gesagt, sie solle sich nicht fürchten, das seien nur die Fischreiher und die Krähen, die im Nebel so groß und fürchterlich erschienen; die holten sich die Fische aus den offenen Spalten." (16)

7.2 Erlebnisse und Begegnungen des Heranwachsenden mit den Personen seiner Umgebung

Schon in jungen Jahren braucht Hauke Haien immer wieder das Gefühl, der Stärkere zu sein. Einen Höhepunkt stellt seine Auseinandersetzung mit dem Angorakater der Trin' Jans dar, der sich anschickt, ihm einen getöteten Eisvogel abzujagen. Hauke demonstriert hier im Grunde rücksichtslos seine Überlegenheit. Offenbar wird auch sein Jähzorn, der manchmal rationales Handeln verhindert. Innerhalb der Novelle ist dieser Vorgang aber auch noch aus einem anderen Grunde von Bedeutung. Hauke handelt rücksichtslos und egozentrisch, denn der von ihm getötete Angorakater bedeutet für die alte Trin' Jans das einzige Lebendige; seit dem Tod ihres Sohnes steht sie allein, und es ist ihr nicht einfach möglich, das kostbare Geschenk durch ein anderes Tier zu ersetzen.

Der „Sieg“ über den Kater ist in der Erzählung ein wichtiger Punkt in Hauke Haiens Entwicklung. Sein Vater erkennt nämlich, daß es nun an der Zeit ist, dem willensstarken Sohn eine Ausbildung zu verschaffen. Eine wichtige Textstelle lautet:

> Der Alte [...] begann eine Zeitlang wieder auf und ab zu gehen; dann blieb er vor dem Jungen stehn und sah eine Weile wie abwesend auf ihn hin. „Das mit dem Kater hab ich rein gemacht“, sagte er dann; „aber, siehst du, Hauke, die Kate hier ist zu klein; zwei Herren können darauf nicht sitzen – es ist nun Zeit, du mußt dir einen Dienst besorgen!“ (23).

Während seiner Dienstzeit als Kleinknecht des Deichgrafen hat der junge Mann viele Gelegenheiten, sein Können unter Beweis zu stellen und an den Aufgaben zu wachsen. Tede Volkerts ist träge und nicht gerade denkfreudig; er überläßt dem strebsamen Hauke das Rechnen und viele Angelegenheiten, die mit den Deichen in Verbindung stehen. Haukes Ehrgeiz wächst von Tag zu Tag. Eine gewisse Rolle spielt dabei Elke Volkerts, das Töchterchen des Deichgrafen, dem er schon bei der Vorstellung im Deichgrafenhause wiederbegegnete und das er gleich als ebenfalls klug – sich selbst also geistesverwandt – betrachtete. Immer mehr klärt sich nun sein Verhältnis zur Welt, und das „um so mehr, je weniger ihm eine überlegene Einsicht zu Hilfe kam, und je mehr er auf seine eigene Kraft angewiesen war, mit der er sich von jeher beholfen hatte“ (29).

Ein Gegner im männlichen Konkurrenzkampf erwächst dem zielstrebig Arbeitenden im Großknecht Ole Peters, den Hauke geistig weit überragt. Mißgunst, Eifersucht und Geringschätzung von seiten Oles schaffen ein unerträgliches Arbeitsklima; dazu trägt Hauke dadurch bei, daß er dem anderen seine Überlegenheit auf geistigem Gebiet offen zeigt. Das Verhältnis der beiden unterschiedlichen Menschen wird zur offenen Feindschaft. Ole Peters trägt dann dazu bei, daß die Kluft zwischen Hauke Haien und der Gemeinschaft immer größer wird.

Beim Eisboseln, einem Wettstreit zweier Mannschaften, zeigt sich besonders deutlich, daß es dem ehrgeizigen Kleinknecht schwerfällt, sich in eine Gruppe einzufügen. Trotz aller Bedenken, die vor allem aus dem möglichen Verhalten Ole Peters' erwachsen, kämpft er schließlich doch für die Mannschaft der Marsch. Im Grunde bleibt er aber ein Einzelkämpfer, der zum einen sich selbst bestätigen, zum anderen für Elke Volkerts werfen möchte. Die anderen feiern ihn schließlich als Sieger, und er selber genießt stolz seinen Triumph. Seine Randstellung wird danach beim Fest im Dorfkrug sehr deutlich. Er, der beim Eisboseln nur Selbstbestätigung suchte und mit der Gruppe der Marsch keine Einheit wurde, bleibt auch beim Tanz absichtlich isoliert, weil er sich nicht blamieren möchte. Wichtig ist für ihn allein die Hoffnung, Elke gewonnen zu haben. Aufschlußreich ist der folgende Textabschnitt:

> „Willst du mit mir tanzen? Ich hab es Ole Peters nicht gegönnt; der kommt nicht wieder!" Aber Hauke machte keine Anstalt: „Ich danke, Elke", sagte er; „ich verstehe das nicht gut genug; sie könnten über dich lachen; und dann ..." Er stockte plötzlich und sah sie nur aus seinen grauen Augen herzlich an, als ob er's ihnen überlassen müsse, das übrige zu sagen. „Was meinst du, Hauke?" frug sie leise. – „Ich mein, Elke, es kann ja doch der Tag nicht schöner für mich ausgehn, als er's schon getan hat." „Ja", sagte sie, „du hast das Spiel gewonnen." „Elke!" mahnte er kaum hörbar. Da schlug ihr eine heiße Lohe in das Angesicht: „Geh!" sagte sie; „was willst du?" und schlug die Augen nieder. (...) Elke tanzte an diesem Abend nicht mehr, und als beide dann nach Hause gingen, hatten sie sich Hand in Hand gefaßt; aus der Himmelshöhe funkelten die Sterne über der schweigenden Marsch; ein leichter Ostwind wehte und brachte strenge Kälte; die beiden aber gingen, ohne viel Tücher und Umhang, dahin, als sei es plötzlich Frühling worden. (48f.)

Für Hauke Haien kann sein innigster persönlicher Wunsch noch nicht in Erfüllung gehen, und seine berufliche Laufbahn wird zunächst dadurch unterbrochen, daß er den Dienst aufgeben und auf den väterlichen Hof zurückkehren muß, weil Tede Haien schwer erkrankt ist. Als der junge Mann den Hof des Deichgrafen verläßt, ist er zwar mit dessen Tochter heimlich verlobt – das Gelöbnis hat in aller Stille unter der Esche vor dem Haus des alten Volkerts stattgefunden –, kann aber kaum die Hoffnung hegen, selbst einmal das hohe Amt dessen zu bekleiden, dem er in allem Wesentlichen die anfallenden Arbeiten abgenommen hat; allzu klein ist sein künftiger Besitz. Kurz vor dem Tode des Vaters sehen aber die Voraussetzungen günstiger aus, denn Tede Haien teilt seinem Sohn mit, daß er es durch äußerste Sparsamkeit geschafft habe, den im Grunde kleinen Besitz im Laufe der Dienstjahre Haukes um einige Fennen zu vergrößern. Als der Alte stirbt, hat der Sohn allen Grund zur Dankbarkeit. Es eröffnet sich ihm auch die Chance, aus der Isolierung herauszutreten und ein anerkanntes Mitglied der Gemeinschaft zu werden. Die Verbindung mit Elke verstärkt diese Möglichkeit, denn sie verfügt über die Kraft, ihm dabei behilflich zu sein, seine verhärtete Haltung zu überwinden. Ihre Fürsorge könnte sein Leben verändern. Wenn Elke, als sie Hauke kurz nach dem Tode seines Vater besucht, sagt, „[...] ich will bei dir ein wenig Ordnung schaffen, damit du ordentlich in deinem Hause wohnen kannst!" (53), dann kann man darin auch den Versuch sehen, Grundsätzliches in Ordnung zu bringen. Mit den Worten „Das können nur wir Frauen!" (53) weist Elke stolz auf die Möglichkeiten weiblichen Wirkens hin. – Tede Volkerts' Einladung zeigt Hauke Haien, wie sehr der Deichgraf ihn schätzt. Dieser eröffnet ihm außerdem, daß er dringend gebraucht werde:

> [...] Es gibt viel Arbeit für uns, Hauke! Die Herbstschau ist in Anmarsch; Deich- und Sielrechnungen haushoch; der neuliche Deichschaden am Westerkoog – ich weiß nicht, wo mir der Kopf steht, aber deiner, gottlob, ist um ein gut Stück jünger; du bist ein braver Junge, Hauke!" (54)

Die neuen Aufgaben übernimmt Hauke, als sei es selbstverständlich, „die Arbeit von Elkes Vater mitzutun" (54), und er löst sie vorzüglich. Alles sieht so aus, als könne Haukes Leben nun in Bahnen verlaufen, die eine soziale Läuterung des strebsamen jungen Mannes erkennen lassen.

7.3
Der Weg ins Amt und der beginnende Konflikt

Schon einige Zeit vor seiner Ernennung zum Deichgrafen wird aufs neue sichtbar, daß Hauke Haiens normale Eingliederung in die Gemeinschaft aufgrund der charakterlichen Eigenschaften des jungen Mannes gefährdet ist. Der Schulmeister beginnt einen neuen Erzählabschnitt wie folgt:

> Hauke hatte sein väterliches Erbe angetreten, und da die alte Antje Wohlers auch ihrem Leiden erlegen war, so hatte deren Fenne es vermehrt. Aber seit dem Tode oder, richtiger, seit den letzten Worten seines Vaters war in ihm etwas aufgewachsen, dessen Keim er schon seit seiner Knabenzeit in sich getragen hatte; er wiederholte es sich mehr als zu oft, er sei der rechte Mann, wenn's einen neuen Deichgrafen geben müsse. (56)

Hauke ist also davon überzeugt, daß er für das hohe Amt auserwählt und am besten geeignet sei. Mit diesem übersteigerten Selbstwertgefühl verbindet sich ein Groll gegen alle, von denen er annimmt, sie wollten „ihn vom Amte drängen, zu dem von allen nur er berufen war“ (57). Zu ihnen gehört Ole Peters, den eine Erbschaft wohlhabend gemacht hat. Für Haukes künftige Entwicklung ist es bedenklich, daß in ihm „neben der Ehrenhaftigkeit und Liebe auch die Ehrsucht und der Haß“ (57) zu wirken beginnen. Dennoch stellt der Tod des alten Deichgrafen eine nochmalige Gelegenheit dar, den Weg in die Gemeinschaft zu finden. Wiederum ist es Elke, die ihm dabei hilft. Zum Deichgrafen wird Hauke Haien erst ernannt, nachdem er den für die Übernahme des Amtes notwendigen Besitz hat, und der kommt ihm durch die Heirat zu. Als der Oberdeichgraf es als etwas Wunderbares bezeichnet, „daß ein Deichgraf von solch junger Jungfer gemacht wurde“ (65), meint Elke: „[...] einem rechten Manne wird auch die Frau wohl helfen dürfen!“ (66) Die Ehe begründet hier einen neuen Status, und der junge Deichgraf könnte im Streben nach Gemeinwohl seine Erfüllung finden. Diese Phase seines Lebens bleibt aber Episode. Als er alle liegengebliebenen Arbeiten erledigt und die Bewirtschaftung des großen Landbesitzes im Griff hat, tritt bald eine Wende ein. Schlimm sind insbesondere die Spannungen mit der Dorfgemeinschaft; viele Menschen sind geneigt, die neuen Deichabgaben dem anzulasten, „der immer grübeln geht und seine Finger dann in alles steckt!“ (67) Haukes Stolz wird dann verletzt, als er davon hört, Ole Peters habe im Wirtshaus geäußert, der neue Deichgraf sei „von seines Weibes wegen“ (67) zu seinem Amt gekommen. Wieder einmal steigt Haß gegen seine vermeintlichen Gegner in ihm auf, und nur mit Mühe kann Elke ihn fürs erste besänftigen:

> Und wieder ging vor seinem inneren Auge die Reihe übelwollender Gesichter vorüber, und noch höhnischer, als es gewesen war, hörte er das Gelächter an dem Wirtshaustische. „Hunde!“ schrie er, und seine Augen sahen grimmig zur Seite, als wollte er sie peitschen lassen. Da legte Elke ihre Hand auf seinen Arm: „Laß sie; die wären alle gern, was du bist!“
> – „Das ist es eben!“ entgegnete er grollend.
> „Und“, fuhr sie fort, „hat denn Ole Peters sich nicht selber eingefreit?“
> „Das hat er, Elke; aber was er mit Vollina freite, das reichte nicht zum Deichgrafen!“
> – „Sag lieber: er reichte nicht dazu!“ und Elke drehte ihren Mann, so daß er sich im Spiegel sehen mußte, denn sie standen zwischen den Fenstern in ihrem Zimmer. „Da steht der Deichgraf!“ sagte sie; „nun sieh ihn an; nur wer ein Amt regieren kann, der hat es!“ (67 f.)

Weit größere Spannungen mit der Gemeinschaft ergeben sich alsbald aus einem anderen Charakterzug Hauke Haiens, nämlich dem Ehrgeiz. Seit Jahren trägt er einen Plan in sich, und nur die Amtsgeschäfte haben ihn daran gehindert, seine Verwirklichung anzustreben. Als er auf dem Hafdeich steht, werden die früheren Gedanken wieder in ihm lebendig:

> Endlich blieb er stehen: das Vorland schwand hier zu einem schmalen Streifen an dem Deich zusammen. „Es muß gehen!“ sprach er bei sich selbst. „Sieben Jahr im Amt; sie sollen nicht mehr sagen, daß ich nur Deichgraf bin von meines Weibes wegen!“ [...] Jetzt war es Ebbzeit, und die goldene Septembersonne glitzerte auf dem etwa hundert Schritte breiten Schlickstreifen und auf dem tiefen Priel in seiner Mitte, durch den auch jetzt das Meer noch seine Wasser trieb. „Das läßt sich dämmen!“ sprach Hauke bei sich selber, nachdem er diesem Spiele eine Zeitlang zugesehen; dann blickte er auf, und von dem Deiche, auf dem er stand, über den Priel hinweg, zog er in Gedanken eine Linie längs dem Rande des abgetrennten Landes, nach Süden herum und ostwärts wiederum zurück über die dortige Fortsetzung des Prieles und an den Deich heran. Die Linie aber, welche er unsichtbar gezo-

> gen hatte, war ein neuer Deich, neu auch in der Konstruktion seines Profiles, welches bis jetzt nur noch in seinem Kopf vorhanden war. (69)

Storm läßt keinen Zweifel daran zu, daß man die Deichbaupläne vor allem als eine Folge egoistischen Strebens anzusehen hat, ganz am Rande nur als Tat für die Gemeinschaft, für die er als Deichgraf zu arbeiten hat. Elke, mit der Hauke über seine Pläne spricht, warnt ihn vor dem ehrgeizigen Vorhaben:

> Sei nicht zu rasch, Hauke; das ist ein Werk auf Tod und Leben; und fast alle werden dir entgegen sein, man wird dir deine Müh' und Sorg' nicht danken! (71)

Der junge Deichgraf schlägt alle Warnungen in den Wind. Seine ehrgeizigen Pläne, die mit hohen Kosten und viel Arbeitseinsatz verbunden sind, will er realisieren, um sich und den anderen seinen Wert vor Augen zu führen: Zu Elke sagt er:

> Du sollst mich wenigstens nicht umsonst zum Deichgrafen gemacht haben, Elke; ich will ihnen zeigen, daß ich einer bin! (72)

Elke ist klug genug, sich dem Strebsamen nicht in den Weg zu stellen, denn sie würde ihn im Ernstfall verlieren. So stürzen sich denn beide in eine immense Arbeit. Der Ehemann hat aber am meisten zu tun, denn er muß nicht nur alles Anfallende verrichten, sondern in jeder freien Stunde „mit einem tüchtigen Feldmesser zusammen" (73) rechnen, zeichnen und entwerfen. Als alle Pläne fertig sind, ist Elke bereit, das Geleistete zu loben, und sie hat auch die feste Absicht, mit ihrem Manne zusammenzuhalten, wohl auch deswegen, weil die entbehrungsreichen Jahre nicht umsonst gewesen sein sollen.

7.4 Selbstverwirklichung und Schuld

Hauke Haiens Pläne sind so gut, daß die Oberdeichgrafschaft alsbald den „Befehl zur neuen Eindeichung" (88) gibt. Der ehrgeizige und offenbar erfolgreiche Deichgraf steht aber inzwischen in einem weit schlechteren Ansehen als noch zuvor. Jevershallig, wo man – will man den Beobachtungen von Carsten und Iven Glauben schenken – in manchen Nächten Unerhörtes sehen kann, ist gut im Wattenmeer sichtbar, wenn man nur wenige hundert Schritte vom Hof des Deichgrafen entfernt auf dem Deich steht. So ist man noch leichter geneigt, den spukhaft sich zeigenden Schimmel mit dem ungeliebten und sich von ihnen absondernden Deichgrafen in Verbindung zu bringen. Der Erwerb eines ruppigen Schimmels – zu Konditionen und unter Umständen, die selbst Elkes Staunen erregen – wird schließlich zum Ausgangspunkt einer für Hauke Haien unerfreulichen Entwicklung. Der Schimmel bestimmt das Schicksal des Deichgrafen mit und begleitet ihn bis zu seinem Tode. Ihm fühlt er sich schon von Anfang an besonders verbunden. So ist Hauke in ungewöhnlichem Maße um das Wohlergehen des Tieres besorgt:

> [...] Aber nicht allein an jenem Abend fütterte er den Schimmel, er tat es fortan immer selbst und ließ kein Auge von dem Tiere; er wollte zeigen, daß er keinen Priesterhandel gemacht habe; jedenfalls sollte nichts versehen werden. – Und schon nach wenig Wochen hob sich die Haltung des Tieres; allmählich verschwanden die rauhen Haare; ein blankes, blau geapfeltes Fell kam zum Vorschein, und da er es eines Tages auf der Hofstatt umherführte, schritt es schlank auf seinen festen Beinen. (84 f.)

In der Dorfgemeinschaft hält sich freilich das von manchen genährte Gerücht, mit dem Schimmel gehe es nicht mit rechten Dingen zu und der Teufel habe wohl seine Hand im Spiele. Dem Deichgrafen, der sich täglich mit dem geliebten Tier zeigt, werden in zunehmendem Maße dämonische Züge beigelegt. Das Gerede vom Gespenster-Schimmel ist bei den abergläubischen Leuten auf fruchtbaren Boden gefallen.

Hauke Haien tut nun nahezu alles, um seine Sonderstellung zu unterstreichen. Sein Ehrgeiz und sein Stolz überschreiten bei weitem das normale Maß. Das geplante riesige Deichbauvorhaben geht über das Notwendige hinaus, weil Haukes Selbstwertgefühl außergewöhnlich groß ist.

Mit dem Bau des neuen Deiches beginnen für Hauke Haien erst die wirklich großen Schwierigkeiten. Das Werk soll zwar dem Dorf einen Zuwachs an fruchtbarem Boden und mehr Sicherheit vor dem Meer bringen, doch stößt das ehrgeizige Werk rasch auf Widerstand. Die Ablehnung ist im wesentlichen prinzipieller Art. Viele halten das ganze aufwendige Vorhaben für „unnütze Arbeit" (89), weil der neue Deich nicht höher als der alte werden soll; für das neue Profil, von Hauke Haien vorgeschlagen, vom Oberdeichgrafen genehmigt, bringen die meisten kein Verständnis auf. Hauke kämpft wie ein Löwe, um sein Vorhaben zu erläutern und verständlich zu machen; in einer hitzigen Debatte mit den Deichgevollmächtigten im Dorfkrug bei der Kirche gibt der Deichgraf sein Bestes – und überzeugt; er kommt „spät und fast erschöpft auf seinem Wallach, den er noch derzeit ritt, zu Hause an." (92) Schon bald aber regt sich neuer Widerstand, dann nämlich, als der „Plan über die Verteilung der Arbeit und Kosten" (93) fertig ist und bekanntgegeben wird. Manche empfinden die Lasten als ungerecht und stellen kleinliche Rechnungen über Aufwand und Nutzen auf; nur die Vernünftigen unterwerfen sich „nach ruhiger Überlegung den billigen Ansätzen ihres Deichgrafen" (93). Als die Arbeit dann begonnen hat, wird allenthalben sichtbar, daß die Beteiligten ihren Beitrag nur widerwillig leisten, jedenfalls die meisten von ihnen. Er selbst spürt den Widerstand und hat wieder einmal das Gefühl, daß alle gegen ihn seien. Die Arbeitenden, denen er einen Besuch abstattet, zeigen nicht Achtung und Verehrung; einige beachten ihn gar nicht, andere blicken „scheu zu Roß und Reiter hinüber" (96).

Während die Arbeit am Deich in den kalten Monaten ruht, ereignen sich unheilvolle Vorzeichen. Elke bringt im neunten Ehejahre ein Kind zur Welt, stirbt aber fast am Kindbettfieber. Hauke hat nur noch seine Frau als Vertraute, und so bittet er Gott, ihm die nicht zu nehmen, die er nicht entbehren kann. Alles andere ist ihm in diesen Tagen gleichgültig; er hat „nur Ohren und Augen für sein Weib" (100). Als Elke wieder gesund ist, gehen beide ihrer Arbeit nach. Hauke, dessen Verhalten zu erneuten Gerüchten geführt hat, ist nun von der Dorfgemeinschaft noch mehr abgeschlossen als zuvor; er liebt Elke und zeigt Härte gegen andere:

> [...] aber es war doch trotz aller lebendigen Arbeit eine Einsamkeit um ihn, und in seinem Herzen nistete sich ein Trotz und abgeschlossenes Wesen gegen andere Menschen ein; nur gegen sein Weib blieb er allezeit der gleiche, und an der Wiege seines Kindes lag er abends und morgens auf den Knien, als sei dort die Stätte seines ewigen Heils. Gegen Gesinde und Arbeiter aber wurde er strenger; die Ungeschickten und Fahrlässigen, die er früher durch ruhigen Tadel zurechtgewiesen hatte, wurden jetzt durch hartes Anfahren aufgeschreckt, und Elke ging mitunter leise bessern (101f.)

Das Mißtrauen gegen den ungeliebten Deichgrafen verstärkt sich. Dazu trägt auch ein Mann bei, der sich von Anfang an als sein Gegner empfand: Ole Peters. Im Winter stirbt Jewe Manners, dem Deichgrafen zugetan, und an seiner Stelle wird Ole Peters Deichgevollmächtigter; Hauke hat gegen „ein heimliches Widerhalten und unnötige Einwände“ (102) anzukämpfen.

Als im Frühling die Deicharbeiten fortgesetzt werden, hat der Deichgraf noch mehr Schwierigkeiten als zuvor. Seine Ungeduld wächst, als die Arbeiten bis zum Oktober noch nicht weit genug gediehen sind. Er feuert die am Bau Beteiligten an, wann immer er kann, und allenthalben ist er zur Stelle – bei Regen und Sturm. Die schon bestehende Spannung zwischen dem unerbittlichen Einzelmenschen und der Gemeinschaft verschärft sich. In der Tat ist er nun der furchterregende Schimmelreiter mit dämonischen Zügen – gerade er, der von Irrationalem nichts hält! – Während der weiteren Arbeiten am Deich spitzt sich der Konflikt zu, als Hauke Haien gegen Arbeiter einschreitet, die einen kleinen Hund in den Deich eingraben wollen, einem abergläubischen Brauch folgend in der Meinung, die Sturmfluten könnten dann dem Bauwerk nichts mehr anhaben. Die Leute haben zwar „eine abergläubische Furcht vor ihm“ (107), doch lassen sie sich kaum von ihrem Tun abhalten, denn in einen Deich müsse „was Lebiges hinein“ (107), wie sie meinen. Nur das Eingreifen eines Freundes von Jewe Manners führt dazu, daß die Arbeiter nicht ihre Spaten hinwerfen und das Werk unvollendet lassen. – Schließlich wird die Arbeit erfolgreich abgeschlossen. Bei der Abnahme kommt „aus dem Munde der herrschaftlichen Kommissäre [...] das Lob des Deichgrafen“ (109), und alle Bedenken und Kritik verstummen für eine Weile. Hauke reitet danach „in stillem, selbstbewußtem Sinnen auf dem neuen Deich“ (109) entlang und genießt sein Werk. Als er aus dem Munde eines Arbeiters den bislang nicht üblichen Namen „Hauke-Haien-Koog“ hört, kann er nur triumphierend zustimmen. Übergroßer Stolz erfüllt ihn, und sein Werk wird „fast [...] zu einem achten Weltwunder“ (110). In seinem Hochgefühl betrachtet er in Gedanken alle Friesen mitleidig, weil er sie einsam zu überragen scheint. Es zeigt sich aufs deutlichste seine Überheblichkeit, die ihn von seinen Mitmenschen trennt. Er bleibt auch isoliert:

> Fortan lebte er einsam seinen Pflichten als Hofwirt wie als Deichgraf und denen, die ihm am nächsten angehörten; die alten Freunde waren

> nicht mehr in der Zeitlichkeit, neue zu erwerben, war er nicht geeignet. Aber unter seinem Dach war Frieden [...] (111).

Haukes Hochgefühl wird bald durch die Erkenntnis erschüttert, daß Wienke, sein und Elkes Töchterchen, schwachsinnig ist. Der Deichgraf nimmt die Gegebenheiten als göttliche Fügung und schenkt dem bedauernswerten Kind seine ganze Liebe. Seine Tatkraft ist durch diesen Schicksalsschlag aber geschwächt. Man lebt auf dem Deichgrafenhof „still beisammen“ (118), und das Ehepaar fügt sich dem Unabänderlichen. Hauke Haien ist zweifelsohne jedoch in seiner Willenskraft beeinträchtigt. Noch stärker wirkt sich in dieser Richtung die schwere Erkrankung aus, die den Deichgrafen zu Beginn des nächsten Jahres befällt. Er bringt danach nicht die Kraft auf, seine Überzeugung anderen gegenüber durchzusetzen, und gerät durch dieses Versäumnis in tiefe Schuld. Während seines ersten Ausritts nach der Genesung vom Marschfieber entdeckt er an der Nahtstelle zwischen dem alten und dem neuen Deich einen schweren Schaden. Seine ersten Befürchtungen erweisen sich später als durchaus richtig:

> Wenn eine Sturmflut wiederkäme – eine, wie 1655 dagewesen, wo Gut und Menschen ungezählt verschlungen wurden – wenn sie wiederkäme, wie sie schon mehrmals einst gekommen war! – Ein heißer Schauer überrieselte den Reiter – der alte Deich, er würde den Stoß nicht aushalten, der gegen ihn heraufschösse! Was dann, was sollte dann geschehen? – Nur eines, ein einzig Mittel würde es geben, um vielleicht den alten Koog und Gut und Leben darin zu retten. Hauke fühlte sein Herz stillstehen, sein sonst so fester Kopf schwindelte; er sprach es nicht aus, aber in ihm sprach es stark genug: Dein Koog, der Hauke-Haien-Koog müßte preisgegeben und der neue Deich durchstochen werden! (124)

Seine Gedanken übermittelt er noch am selben Abend den Deichgevollmächtigten. Ole Peters und die anderen sind aber nicht bereit, einer umfassenden Sanierung zuzustimmen, und sie äußern überdies ihre Auffassung, der neue Deich habe nur Kosten und Ärger verursacht. Hauke Haien hat nicht die Kraft, gegen diesen Widerstand anzukämpfen, und so fügt er sich Ole Peters' Rat, die schadhafte Stelle am nächsten Morgen noch einmal zu betrachten. Diese Besichtigung scheint die Meinung der anderen zu bestätigen, und so beschließt man einstimmig, den Schaden mit geringem Aufwand zu beheben. Hauke Haien, noch immer geschwächt und ruhebedürftig, ist zunächst zufrieden, doch später plagen ihn Angst und Gewissensbisse, denn es ist für ihn „ein verantwortlich Amt, die Gemeinde vor unseres Herrgotts Meer zu schützen" (128). Der Deichgraf, der sich nun endlich wieder als Teil der Gemeinschaft fühlt, hat – wie sich herausstellen wird – versagt und schwere Schuld auf sich geladen.

7.5 Der Untergang

Das Geschehen spitzt sich nun dramatisch zu und führt rasch zur Katastrophe. Die Leute berichten von „allerlei Unheil" (130), das sich ereignet und die Bewohner Nordfrieslands in Schrecken versetzt hat:

> [...] und sicher war es, am Sonntage Lätare war droben von der Turmspitze der goldne Hahn durch einen Wirbelwind herabgeworfen worden; auch das war richtig: im Hochsommer fiel, wie ein Schnee, ein groß Geschmeiß vom Himmel, daß man die Augen davor nicht auftun konnte und es hernach fast handhoch auf den Fennen lag, und hatte niemand je so was gesehen. (130)

Von dem Gebiet „überm Wasser" wird erzählt, hier sei „Blut [...] wie Regen vom Himmel gefallen" (131). Den drohenden Vorboten folgt im Herbst das befürchtete schreckliche Ereignis. Kurz vor Allerheiligen 1756 kündigt sich eine Sturmflut an. Hauke Haien erkennt als erster die Gefahr und trifft die notwendigen Anordnungen. Als er bei zunehmendem Sturm noch einmal mit seinem Schimmel den Deichgrafenhof verläßt, äußert er die Hoffnung, bei Sonnenaufgang wieder zurück zu sein. Elkes Todesahnungen sind in dieser Lage vollauf berechtigt. Düstere Vorahnungen erfassen auch den früher so zuversichtlichen Deichgrafen, als er bei seinem einsamen Ritt das ganze Ausmaß der Sturmflut erkennt; er hat den Eindruck, „als sei hier alle Menschenmacht zu Ende; als müsse jetzt die Nacht, der Tod, das Nichts hereinbrechen." (137). In diesem Denken zeigt sich, daß er sein altes Überlegenheitsgefühl verloren hat und sich nun an nichts mehr klammern kann, nicht einmal an sein eigenes Ich. In dieser Lage findet er zum letzten Mal eine Hoffnung, indem er an den Bestand des eigenen Werkes denkt; der Hauke-Haien-Deich werde, so meint er mit Stolz, auch dieser Sturmflut trotzen und den Menschen zeigen, „wie man Deiche bauen müsse" (137). Das nochmalige Aufbäumen des Ichgefühls macht auch den Konflikt mit Ole Peters leichter erklärlich; wutentbrannt verbietet er der arbeitenden Menge, den neuen Deich zu durchstechen, um den alten vor dem Durchbruch zu bewahren. Kurz danach, als der alte Deich der Flut nicht standgehalten hat, fühlt er sich in doppeltem Sinne schuldig:

> Was hatte er für Schuld vor Gottes Thron zu tragen? – Der Durchstich des neuen Deichs – vielleicht, sie hätten's fertiggebracht, wenn er sein Halt nicht gerufen hätte; aber – es war noch eins, und es schoß ihm heiß zu Herzen, er wußte es nur zu gut – im vorigen Sommer, hätte damals Ole Peters' böses Maul ihn nicht zurückgehalten – da lag's! Er allein hatte die Schwäche des alten Deichs erkannt; er hätte trotz alledem das neue Werk betreiben müssen: „Herr Gott, ja ich bekenn es", rief er plötzlich laut in den Sturm hinaus, „ich habe meines Amtes schlecht gewartet!" (140f.)

Hauke Haien weiß, daß es ihm bei richtigem Verhalten möglich gewesen wäre, den ihm Anvertrauten das furchtbare Geschehen zu ersparen. Ein sonst nicht gekanntes Gemeinschaftsgefühl wird in ihm wach, und der sonst so häufig Hochmütige wird zum Bittenden: „[...] Herr, mein Gott, sei gnädig mit uns Menschen!" (141). – Als Hauke Haien den neuen Deich unbeschädigt sieht, kommt letztmals zaghaftes Hoffen in ihm auf, aber rasch naht die Katastrophe. Der alte Koog wird von den Wassermassen überflutet, Elke und Wienke versinken, und das Dorf ist unmittelbar bedroht. In dieser hoffnungslosen Lage gibt der Deichgraf seinem Schimmel die Sporen und stürzt in die brodelnde Tiefe. Sein Sterben wird zum Opfertod: „Herr Gott, nimm mich; verschon die andern!" (143). Im Augenblick seines Scheiterns unternimmt Hauke Haien den Versuch, sich mit der Gemeinschaft, von der er sich eine Zeitlang in egoistischer Weise abzuheben trachtete, zu versöhnen und seine Schuld wiedergutzumachen. Wie eine Ironie des Schicksals mag es anmuten, daß er den Menschen an der nordfriesischen Küste im weiteren Verlauf gerade mit dem Werk dient, mit dessen Vollendung er sich aus der Masse herausheben wollte: dem Hauke-Haien-Deich. Hauke Haien irrt und scheitert, sein Werk aber überdauert.

8
Andere herausragende Personen der Novelle

8.1
Männer der Dorfgemeinschaft

Hauke Haien tritt im Laufe seines Lebens in immer stärkerem Maße in Opposition zur Mehrzahl der männlichen Bevölkerung. Von einem klaren Antagonismus zwischen ihm und den Männern der Dorfgemeinschaft kann man aber nicht sprechen, da er nicht auf eine geschlossene Gegnerschaft trifft. Die Dorfgemeinschaft ist nicht als einheitliche Gruppe zu sehen. Storm hat jegliche Schwarzweißzeichnung vermieden und sich mit Erfolg um eine differenzierte Darstellung bemüht. Wichtige Männer der Dorfgemeinschaft sollen im folgenden in Grundzügen charakterisiert werden.

8.1.1
Tede Haien

Hauke Haiens Vater, der nur über wenig Landbesitz verfügt, geht mit Fleiß und Ausdauer seiner schweren Arbeit als Marschbauer nach. Daneben versteht er sich auch aufs Landmessen, hat also auch andere Interessen und Fähigkeiten. Sein Wissen beruht aber mehr auf Erfahrung als auf Studium, und so ist der Hinweis auf das Euklid-Buch eher eine Notlösung: Tede kann nichts vertiefend und begründend darlegen. Im übrigen erkennt er die geistige Begabung seines Sohnes nicht in vollem Maße oder will das nicht tun. Da Hauke nicht zum „Halbgelehrten“ (11) werden soll, läßt er ihn hart am Deich arbeiten, in der falschen Annahme, das werde diesen „vom Euklid kurieren“ (11). Spätestens dann, als er erkannt hat, „daß auch die Deicharbeit bei dem Jungen die Denkarbeit nicht hatte vertreiben können“ (13), müßte Tede Haien als guter Erzieher konsequent handeln; er tut es nicht und offenbart seine Schwäche. Es entspringt auch nicht seiner Planung, daß Hauke rechtzeitig in die richtige Umgebung kommt, wo er lernen kann. Nach dem Zwischenfall mit dem Angorakater der Trin' Jans und den Folgerungen des Vaters („Hauke, die Kate hier ist zu klein; zwei Herren können nicht darauf sitzen“, (S. 23) kommt der Hinweis darauf, daß er Kleinknecht beim Deichgrafen werden könne, von Hauke selbst; Tede Haien stellt sich den Wünschen seines Sohnes aber nicht in den Weg, sondern ist ihm bei der Erfüllung behilflich. Seine Sorge gilt zum einen dem leiblichen Wohl des Sohnes, zum anderen der weiteren Ausbildung.

Tede Haiens Vaterliebe zeigt sich vor allem darin, daß er durch Fleiß und Sparsamkeit das Erbe des Sohns vermehrt, um diesem unbewußt den Aufstieg ins Deichgrafenamt zu erleichtern. Hauke hat schon deswegen allen Grund, dem tüchtigen Vater, der stets ehrlich und offen seinen Weg ging, ein ehrendes Andenken zu bewahren. Der Sohn kann „sein väterliches Erbe" (53, 56) mit einem Gefühl der Dankbarkeit und des Stolzes antreten.

8.1.2 Tede Volkerts

Der alte Deichgraf wird von Tede Haien, der sonst gar nicht gesprächig ist, anläßlich eines wichtigen Gesprächs mit Hauke wie folgt beschrieben:

> Der Deichgraf ist ein Dummkopf, dumm wie 'ne Saatgans! Er ist nur Deichgraf, weil sein Vater und Großvater es gewesen sind, und wegen seiner neunundzwanzig Fennen. Wenn Martini herankommt und hernach die Deich- und Sielrechnungen abgetan werden müssen, dann füttert er den Schulmeister mit Gansbraten und Met und Weizenkringeln und sitzt dabei und nickt, wenn der mit seiner Feder die Zahlenreihen hinunterläuft, und sagt: „Ja, ja, Schulmeister, Gott vergönn's Ihm! Was kann Er rechnen?" Wenn aber einmal der Schulmeister nicht kann oder auch nicht will, dann muß er selber dran und sitzt und schreibt und streicht wieder aus, und der große dumme Kopf wird ihm rot und heiß, und die Augen quellen wie Glaskugeln, als wollte das bißchen Verstand da hinaus. (23f.)

Die Geringschätzung durch Tede Haien macht auch das Gespräch deutlich, das die beiden Männer führen, bevor Hauke als Kleinknecht eingestellt wird. Tede Haiens Äußerung „[...] im dritten Gliede soll der Familienverstand ja verschleißen" (28) wird von dem Angesprochenen nicht voll erfaßt, gibt aber in diesem Fall Zutreffendes wieder. Tede Volkerts verkörpert den Abstieg seines Geschlechtes. Sein Großvater schützte das Land und galt als besonders klug, und auch vom Vater vermochte man Positives zu sagen. Tede dagegen ist dumm – was Hauke Haien rasch erkennt – und ein Freund des behaglichen Lebens. Der Dichter führt ihn dem Leser als genußsüchtigen, bequemen Menschen vor Augen:

> Der starke, etwas schlagflüssige Hauswirt saß am Ende des blankgescheuerten Tisches im Lehnstuhl auf seinem bunten Wollenpolster. Er hatte seine Hände über dem Bauch gefaltet und starrte aus seinen runden Augen befriedigt auf das Gerippe einer fetten Ente; Gabel und Messer ruhten vor ihm auf dem Teller. (26)

Dieser geistig schwerfällige Mensch ist „zu allem willig" (29) – nicht nur dann, als es darum geht, Hauke als Kleinknecht anzustellen. Er ist von Natur gutmütig und ohne feste Willenskraft, mithin von Anfang an eine Gegenfigur zum späteren Deichgrafen Hauke Haien. Dieser wird dem alten Deichgrafen schon als Kleinknecht bald unentbehrlich, denn er besitzt eine „überlegene Einsicht" (29) und versäumt es nicht, „das eine oder andre von schädlichem Tun oder Unterlassen in Deichsachen dem Alten vor die Augen zu rücken" (34). Das Lob des Oberdeichgrafen beim nächsten Besuch gilt dem falschen Empfänger, der sogleich vorgibt, er sei „noch allezeit frisch und munter" (35), und in „würdevoller Ruhe" (35) hinzufügt, er hoffe, sein Amt noch einige Jahre ausüben zu können. Er weiß aber genau, daß Hauke für ihn denkt und plant. So muß er den jungen Mann vermissen, als dieser seinen Dienst als Kleinknecht aufgegeben hat und ins Vaterhaus zurückgekehrt ist. Nach Tede Haiens Tod bittet der Deichgraf den im Grunde eigentlichen Inhaber dieses Amtes darum, ihm zur Seite zu stehen – und das kommt einer Bestimmung zum Nachfolger sehr nahe. Tede Volkerts weiß, daß sich seine Arbeit in den besten Händen befindet. Haukes Willens- und Schaffenskraft bewahrt die Dorfgemeinschaft vor Schlimmem. Als der längst unfähige Deichgraf „Lebensüberdruß" (59) empfindet und bald darauf stirbt, ist die Bevölkerung, obwohl ein Nachfolger noch nicht bestimmt wurde, nicht ohne planenden und denkenden Kopf.

8.1.3 Jewe Manners

Mit Tede Volkerts befreundet ist der ruhige und besonnene Deichgevollmächtigte Jewe Manners. Dieser Pate Elkes spielt nach dem Tode des alten Deichgrafen eine besondere Rolle. Der Oberdeichgraf meint, der weißhaarige Herr werde sich nun wohl „dieser Würde unterziehen müssen" (62). Doch der erfahrene Alte, der schon vierzig Jahre lang Deichgevollmächtigter ist, bittet darum, ihn noch für ein paar Jahre dort zu lassen, wo er nun ist. Längst hat er in Hauke Haien den geeignetsten Nachfolger für den bisherigen Deichgrafen erkannt. Den Hinweis des Pastors, daß man den „ins Amt nehmen" solle, „der es tatsächlich in den letzten Jahren doch geführt hat" (63), bekräftigt Jewe Manners, doch meint er zugleich, mit zwanzig Demat Landbesitz sei „bis jetzt hier niemand Deichgraf geworden" (63). Damit fördert er den Entschluß seines Patenkindes Elke, ihrem Bräutigam noch vor der Hochzeit die eigenen Güter zu übertragen. Jewe Manners stimmt diesem Vorhaben zu und trägt so in entscheidendem Maße dazu bei, daß Hauke Haien zum neuen Deichgrafen wird. – Nach Jahren gelingt es dem leutseligen Mann, „der auf Haukes Bitten noch immer in seinem Gevollmächtigtenamt verblieben war" (89), in der entscheidenden Zusammenkunft, die anderen Zuständigen davon zu überzeugen, daß der neue Deich gebaut werden müsse, obwohl er „viel Unruhe und Kosten" (89) verursache. Jewe Manners, „als ein Mann von Tüchtigkeit und unantastbarer Rechtschaffenheit bekannt" (90), hilft dem Deichgrafen. Er bleibt ihm bis zum Tode in Treue verbunden und unterstützt dessen schwieriges Vorhaben; Jewe Manners' Nachfolger als Deichgevollmächtigter, Ole Peters, verhält sich ganz anders.

8.1.4
Ole Peters

Von allen Männern der Dorfgemeinschaft, die im *Schimmelreiter* ausführlicher geschildert werden, ist Ole Peters im stärksten Maße der Gegenspieler Hauke Haiens. Das beginnt schon in der Zeit, als Hauke Kleinknecht beim Deichgrafen wird, bei dem sich Ole Peters als Großknecht befindet. Storm läßt den Schulmeister erzählen:

> Einer freilich war im Hause, für den er nicht der Rechte zu sein schien; das war der Großknecht Ole Peters, ein tüchtiger Arbeiter und maulfertiger Geselle. Ihm war der träge, aber dumme und stämmige Kleinknecht von vorhin besser nach seinem Sinn gewesen, dem er ruhig die Tonne Hafer auf den Rücken hatte laden und den er nach Herzenslust hatte herumstoßen können. Dem noch stilleren, aber ihn geistig überragenden Hauke vermochte er in solcher Weise nicht beizukommen; er hatte eine gar zu eigene Art, ihn anzublicken." (29)

Ole Peters beneidet den „verfluchten Schreiberknecht" (30), der in der Gunst des Deichgrafen höher steht und bedeutendere Aufgaben erhält. Zu diesem Neid gesellt sich bald Eifersucht, weil er erkennt, daß Elke dem Kleinknecht gewogen ist, nicht aber ihm. Beim Eisboseln kommt es zu einer ernsthaften Konfrontation. Vergebens bemüht er sich darum, Hauke aus der Marschmannschaft auszuschließen. Dann kann er es nicht verhindern, daß der Rivale als Sieger aus dem Wettkampf hervorgeht. Ole Peters muß erkennen, daß Hauke vor allem für Elke geworfen hat. Beim abendlichen Tanzvergnügen läßt diese Ole wissen, daß er für sie nichts bedeutet. Er fügt sich auf diesem Gebiet, bleibt aber um so mehr Hauke Haiens Gegner. Der ehrgeizige und fleißige Tagelöhnerssohn schickt sich durch eine Erbschaft an, „ein wohlhabender Mann zu werden" (57). Sein Einfluß steigt, und sein Selbstwertgefühl und starkes Ichbewußtsein werden ebenfalls größer. Er haßt Hauke Haien, der inzwischen zum Deichgrafen geworden ist, und schadet ihm in der Dorfgemeinschaft durch Wort und Tat. Selbstverständlich prägt er das böse Wort, daß Hauke „von seines Weibes wegen" (67) zum Deichgrafen geworden sei, und später findet der Knecht Carsten im Hause des Ole Peters „andächtige Zuhörer" für seine Geschichte von dem Teufelspferd des Deichgrafen (87). Mit Haß verfolgt Ole alle Werke des Deichgrafen. Bei der Wiederaufnahme des Deichbaus nach der winterlichen Pause macht Ole, der anstelle des verstorbenen Jewe Manners zum Deichgevollmächtigten geworden ist, seinem Gegner die Arbeit noch schwerer; es kommen jetzt „von dem Nachfolger ein heimliches Widerhalten und unnötige Einwände" (102). Mit seinem prinzipiellen Besserwissen trägt der im Grunde einfältige Ole Peters entscheidend dazu bei, daß der Deichgraf seinen Pflichten nicht gerecht wird und schließlich tragisch endet. Auf Haukes Hinweis, nach den Sturmschäden sehe es an einer wichtigen Stelle des alten Deiches schlimm aus, meint der Deichgevollmächtigte nur:

> Zum Glück ist's nicht so schlimm; er hat diesmal gehalten und wird es auch noch ferner tun! Steig nur morgen wieder auf deinen Schimmel und sieh es dir noch einmal an! (126).

Oles Rat ist schlecht, und das weiß der in seiner Willenskraft geschwächte Deichgraf nur zu gut.

Ole Peters' letzte gegen den Verhaßten gerichtete Handlung ist der widerrechtliche Befehl, die Leute sollten den neuen Deich durchstechen und den mühevoll gewonnenen Koog opfern, um den alten Deich mitsamt dem Hinterland vor der Sturmflut zu schützen. Ole Peters provoziert hiermit den entscheidenden Widerstand des stolzen Erbauers. Das Schicksal beendet dann eine jahrzehntelange Auseinandersetzung zwischen zwei sehr unterschiedlich gearteten und handelnden Menschen.

8.2 Wichtige Frauengestalten

In der von Männern geprägten Dorfgemeinschaft, der man in der Novelle *Der Schimmelreiter* begegnet, spielen Frauen eine untergeordnete Rolle. Der Dichter gibt dabei die realen Gegebenheiten wieder. Die Binnenerzählung ist in der Mitte des 18. Jahrhunderts angesiedelt. Damals nahmen in Deutschland Frauen eine Randstellung ein. Sie gehörten der häuslichen Sphäre an, während die Männer das gesellschaftliche Leben bestimmten. In Storms Novelle gewinnen nur wenige Frauengestalten ein Eigenleben. Näheres erfahren wir nur von drei weiblichen Personen, nämlich von Vollina Harders, Trin' Jans und Elke Volkerts. Naturgemäß kommt der Ehefrau des Deichgrafen die größte Bedeutung zu.

8.2.1 Vollina Harders

In einem Gespräch mit dem Deichgrafen erwähnt Hauke Vollina:

> Ihr kennt die dicke Vollina, die Tochter vom Gevollmächtigten Harders, die immer ihres Vaters Pferde aus der Fenne holt – wenn sie nur eben mit ihren runden Waden auf der alten gelben Stute sitzt, hü hopp! so geht's allemal schräg an der Dossierung den Deich hinan! (33)

Vollina zeigt in ihrer Jugend ein ungezügeltes Verhalten; der Deichgraf ist davon überzeugt, das Mädchen habe ihm „im letzten Sommer drei junge Enten weggefangen" (33).

Von Vollina Harders erfahren wir im weiteren Verlauf der Handlung, daß sie zum Abschluß des Winterfestes im „Gildesaal" mit Ole Peters tanzt. Bald darauf nimmt das Leben der jungen Frau seinen gewohnten Lauf:

> Ein Jahr nach jenem Winterfesttag hatte Ole Peters seinen Dienst gekündigt und mit Vollina Harders Hochzeit gemacht; Hauke hatte

> recht gehabt: der Alte war auf Altenteil gegangen, und statt der dicken Tochter ritt nun der muntere Schwiegersohn die gelbe Stute in die Fenne [...] (50).

Der Tagelöhnerssohn Ole Peters heiratet ein; bissig bemerkt Hauke Haien dazu Elke gegenüber: „[...] aber was er mit Vollina freite, das reichte nicht zum Deichgrafen!" (68)

Vollina Harders ist ohne positiven Einfluß auf Ole Peters, dessen Lebensweise sie schätzt und teilt. Sie gehört zum Typ der Frauen, die nach der Eheschließung ihre Selbständigkeit verlieren und ihren Platz nur noch im Hause haben, ihrem Mann offenbar völlig ergeben.

8.2.2
Trin' Jans

Viel mehr als von Vollina Harders erfahren wir in der Binnenerzählung von der alten Trin' Jans. Sie hat Mann und Sohn verloren und ist schrullig geworden. Ungewöhnlich ist ihre Lebensweise. Sie wohnt „ein gut Stück hinaus auf dem Deiche in einer kleinen Kate" (17), und ihre einzige Gesellschaft ist ein Angorakater, den ihr einst ihr Sohn geschenkt hat. Als Hauke dieses Tier getötet hat, haßt sie ihn aus tiefstem Herzen. Das Tier war für sie von größerer Bedeutung als alles andere. Zum einen hat sie ein Stück wertvolle Erinnerung an den verunglückten Sohn verloren, zum anderen ist ihr Leben nun ohne Wärme. Tede Haien klagt sie innerlich aufgewühlt ihr Leid:

> Und Er weiß es ja auch wohl, uns Alten, wenn's nach Allerheiligen kommt, frieren abends im Bett die Beine, und statt zu schlafen, hören wir den Nordwest an unseren Fensterläden rappeln. Ich hör's nicht gern, Tede Haien, er kommt daher, wo mein Junge mir im Schlick versank. [...] Der aber [...], wenn ich winters am Spinnrad saß, dann saß er bei mir und spann auch und sah mich an mit seinen grünen Augen! Und kroch ich, wenn's mir kalt wurde, in mein Bett – es dauerte nicht lang, so sprang er zu mir und legte sich auf meine frierenden Beine, und wir schliefen so warm mitsammen, als hätte ich noch meinen jungen Schatz im Bett! (21)

Trotz ihres herben Verlustes ist Trin' Jans aber zu einem Vergleich bereit; sie ist rasch mit dem zufrieden, was ihr Tede Haien gibt bzw. verspricht.

Darüber hinaus kann sie sogar dem jungen Übeltäter nach geraumer Zeit verzeihen. Beim Winterfest kommt es zur Aussöhnung:

> Eine alte Frau mit Kuchen und Branntwein drängte sich durch den Haufen zu ihm; sie schenkte ein Glas voll und bot es ihm: „Komm", sagte sie, „wir wollen uns vertragen: das heut ist besser, als da du mir die Katze totschlugst!" Als er sie ansah, erkannte er, daß es Trin' Jans war. „Ich dank dir, Alte", sagte er; „aber ich trink das nicht." Er griff in seine Tasche und drückte ihr ein frischgeprägtes Markstück in die Hand: „Nimm das und trink selber das Glas aus, Trin'; so haben wir uns vertragen!" (43).

Viele Jahre später nehmen Elke und Hauke Haien die nun achtzigjährige Frau, die nicht mehr allein in ihrer Kate auf dem Außendeich leben kann, bei sich auf; Elke meint, „die verlebte Dienstmagd ihres Großvaters könnte bei ihnen noch ein paar stille Abendstunden und eine gute Sterbekammer finden" (112). Die dankbare Trin' Jans verhält sich den Deichgrafenleuten gegenüber lange so, wie man es aufgrund der Hilfsbereitschaft der beiden erwarten sollte. Sie nimmt sich sogar der kleinen Wienke liebevoll an. Ihr alter Groll gegen Hauke flackert dann aber nochmals auf, als sie dem Kind später erzählt, sein Vater habe den Angorakater getötet. Die Schwachsinnigkeit Wienkes empfindet Trin' als Strafe Gottes; sie hat „aber ein Erbarmen mit dem Kinde" (114) und wendet sich ihm zu. Nicht alles, was sie erzählt, ist freilich im Sinne des Deichgrafen. Dazu gehört die Erzählung vom Wasserweib, das nicht mehr ins Meer zurück kann, als man die Hafschleuse geschlossen hat. Hierin zeigt sich Trin' Jans tiefer Aberglauben, zugleich aber ihr Mitleid mit einsamen Kreaturen. Ihr Mitgefühl wird noch einmal deutlich, als sie im September 1756 im Sterben liegt. Von einer schrecklichen Vorahnung erfüllt, fleht sie gleichsam um das Leben der Mitmenschen: „Gott gnad de annern!" (130)

8.2.3 Elke Volkerts

Die Tochter des Deichgrafen ist ein Mädchen, das mit Umsicht und Tatkraft allen Verpflichtungen nachkommt. Mehrfach erwähnt der Erzähler Elkes Klugheit. Offenbar weiß sie auch genau, was sie will. In Hauke, der als Kleinknecht auf dem Hofe arbeitet, aber weit mehr leistet, erkennt sie den Überlegenen:

> Werd nur nicht rot, Hauke, du warst es ja doch eigentlich, den der Oberdeichgraf lobte! [...] als ich allein der Helfer war, da wurden wir nicht gelobt. Ich kann ja auch nur rechnen; du aber siehst draußen alles, was der Deichgraf doch wohl selber sehen sollte; du hast mich ausgestochen! (36)

An der Seite Haukes sieht sie ihr zukünftiges Leben. Diese Zuneigung wird im Verlaufe des Winterfestes besonders deutlich; am Ende wissen beide, was sie einander bedeuten. Bei einem Gespräch unter der Esche vor dem väterlichen Anwesen im zweiten Sommer nach dem Winterfest entzieht Elke dem jungen Mann ihre Hand nicht und zeigt so ihre Liebe. Zur Verlobung zwischen den beiden kommt es allerdings erst, als Hauke die Nachfolge seines Vaters angetreten hat und nicht mehr Kleinknecht ist. Als Hauke ihr heimlich den Goldring auf den Finger gesteckt hat, ist sie damit einverstanden, bittet aber um Geduld. Elkes Zukunftspläne stehen fest. Mit viel Geschick sichert sie ihrem Verlobten das Deichgrafenamt, und das nicht ohne persönlichen Ehrgeiz:

> [...] ich werde vor der Hochzeit meinem Bräutigam die Güter übertragen. Ich habe auch meinen kleinen Stolz [...], ich will den reichsten Mann im Dorfe heiraten! (65)

Diese Worte, an den Oberdeichgrafen gerichtet, verfehlen ihre Wirkung nicht. Als sie später als Ehepaar auf dem Deichgrafenhofe leben, spielt Elke die Bedeutung der Güterübertragung herunter und sagt zu Hauke: „[...] nur wer ein Amt regieren kann, der hat es!" (68) Diese geschickte Bemerkung überzeugt den Angegriffenen fürs erste, bringt ihn aber nicht von seinen ehrgeizigen Plänen ab. Elke läßt ihn auch nicht spüren, daß er ihr so viel zu verdanken hat. Nur zu sehr entspricht es ihrem persönlichen Wollen, daß der Deichgraf Erfolge hat; sie ist in manchem ihrem Mann ebenbürtig und erweist sich in vielen Lebenslagen als umsichtig, klug und energisch. So warnt sie zwar ihren Mann vor seinen Deichbauplänen, fügt sich aber dann seinen Argumenten und widmet sich der eigenen Arbeit:

> Sie hatte sich vor ihm niedergehuckt und ihn sorgvoll angeblickt; nun erhob sie sich mit einem Seufzer: „Ich muß weiter zu meinem Tagewerk", sagte sie, und ihre Hand strich langsam über seine Wange; „tu du das deine, Hauke!" (72)

Immer öfter geht Elke nun „an ihre Arbeit" (74), während ihr Mann sich seinen schweren Aufgaben widmet; ihre Einsamkeit trägt sie mit Geduld.

Elkes Dasein scheint sich zum Besseren zu wenden, als sie im neunten Ehejahre einem Kind das Leben schenkt. Doch nur mit viel Glück gelingt es der Wöchnerin, ein schweres Kindbettfieber zu besiegen. „Hauke, mein Mann, gerettet! Ich bleibe bei dir!" (101) – diese Worte sind wie eine neue Liebeserklärung, und so wird das Lebensbündnis des von der Dorfgemeinschaft weitgehend isolierten Paares auf eine noch stärkere Grundlage gestellt. Der stillen Frau des Deichgrafen gelingt es übrigens gerade in dieser Zeit, manche Wogen zu glätten, die ihr Mann durch sein schroffes Wesen erregt hat; der Erzähler berichtet: „[...] und Elke ging mitunter leise bessern" (102). Schon viele Jahre vorher hatte sie in einem anderen Zusammenhang gesagt: „Das können nur wir Frauen!" (53)

Elkes Besonnenheit wird in der eigenen Familie am stärksten benötigt, als sie nach ihrem Mann begreift, daß Wienke geistig nicht gesund ist. Sie muß sich in das unbegreifliche Schicksal fügen und zusammen mit ihrem Mann die schwere Bürde tragen. – Liebevoll pflegt sie ihren Mann, als der am Marschfieber erkrankt ist, und sie sieht danach „mit Besorgnis, wie er allzeit leicht zufrieden" (122) ist – so, als ob sie schon Schlimmes ahnte. Elke ist es, die ihn ans Handeln erinnert, und so heißt es von Hauke, daß „die klare Einsicht und der kräftige Geist seines Weibes ihm in seiner augenblicklichen Schwäche ein Hindernis sind, dem er unwillkürlich ausweicht" (126). – Als Hauke dann mit den entscheidenden Männern der Dorfgemeinschaft gut auskommt, weil er nachgegeben hat, möchte sie ihn mit dem Hinweis auf das gemeinsame Glück aus seinen düsteren Gedanken reißen – vergebens! Hauke geht seinen Weg. In seinem letzten Kampf kann ihm Elke nur durch Beten helfen; sie bleibt, als fürsorgliche Mutter ohnehin ans Haus gebunden, einsam. Erst in der höchsten Gefahr eilt sie, zusammen mit Wienke, in einem zweirädrigen Wagen dem Mann nach und findet in der Flut den Tod.

9
Natur und Mensch im „Schimmelreiter“

9.1
Die Naturdarstellung

Die Naturschilderung spielt in der Rahmenerzählung und in der Binnenhandlung eine große Rolle.

Das Geschehen des inneren Rahmens beginnt mit der Wiedergabe eines stürmischen Nachmittags im Oktober („Es war im dritten Jahrzehnt unseres Jahrhunderts, an einem Oktobernachmittag – so begann der damalige Erzähler –, als ich bei starkem Unwetter auf einem nordfriesischen Deich entlangritt.“ (3)) und erstreckt sich bis zum nächsten Morgen, der freundliches Wetter bringt („Am andern Morgen, beim goldensten Sonnenlichte, das über einer weiten Verwüstung aufgegangen war, ritt ich über den Hauke-Haien-Deich zur Stadt hinunter.“ (146)).

Dazwischen liegt die Schilderung einer Sturmnacht. In der zweiten Unterbrechung der Binnenerzählung kann man lesen:

> Draußen – man sah es durch die unverhangenen Fenster – trieb der Sturm die Wolken, und Licht und Dunkel jagten durcheinander [...] (17).

In der dritten Unterbrechung wird erzählt:

> [...] durch die unverhangenen Fenster, welche nun nicht mehr durch die Rücken der davor sitzenden Gäste verdeckt wurden, sah man frei hinaus, und wie der Sturm die dunklen Wolken über den Himmel jagte. (55)

Mit der Schilderung von Sturm und Wolken verbunden ist die Wiedergabe des Meeres in verschiedenen Zuständen. So wird die Naturdarstellung zu einem verknüpfenden Element der Handlung des inneren Rahmens und trägt zur strukturellen Einheit der Novelle nicht unerheblich bei. Eine zweite Funktion der intensiven Naturschilderung besteht darin, die Stimmung nachhaltig atmosphärisch anzureichern; dazu folgen an anderer Stelle dieses Kapitels weitere Ausführungen.

Auch in der Binnenerzählung spielt die Naturdarstellung eine wesentliche Rolle, und so kann man sagen, daß die Naturschilderung in der Gesamtkomposition der Novelle ein wichtiges Element darstellt.

Im Mittelpunkt der Naturschilderung in der Binnenhandlung steht das Meer, das ausgesprochen düstere Züge trägt und nur ganz selten anders geschildert wird. Es zeigt eine zerstörerische Kraft und ist unberechenbar. Diese Auffassung zeigen etliche Textstellen. Hier sind nur wenige Hinweise möglich.

Schon der Knabe Hauke Haien weiß um die zerstörerische Kraft des Meeres. Storm läßt den Schulmeister erzählen:

> Und wenn im Herbst die Fluten höher stiegen und manch ein Mal die Arbeit eingestellt werden mußte, dann ging er nicht mit den andern nach Haus, sondern blieb, die Hände über die Knie gefaltet, an der abfallenden Seeseite des Deiches sitzen und sah stundenlang zu, wie die trüben Nordseewellen immer höher an die Grasnarbe des Deiches hinaufschlugen; erst wenn ihm die Füße überspült waren und der Schaum ihm ins Gesicht spritzte, rückte er ein paar Fuß höher und blieb dann wieder sitzen. Er hörte weder das Klatschen des Wassers noch das Geschrei der Möwen und Strandvögel, die um oder über ihm flogen und ihn fast mit ihren Flügeln streiften, mit den schwarzen Augen in die seinen blitzend; er sah auch nicht, wie vor ihm über die weite, wilde Wasserwüste sich die Nacht ausbreitete; was er allein hier sah, war der brandende Saum des Wassers, der, als die Flut stand, mit hartem Schlag immer wieder dieselbe Stelle traf und vor seinen Augen die Grasnarbe des steilen Deiches auswusch. (11f.).

Intensiv erlebt Hauke als Junge auch die Sturmflut:

> Auch als zu Ende Oktobers die Deicharbeit vorbei war, blieb der Gang nordwärts nach dem Haf hinaus für Hauke Haien die beste Unterhaltung; den Allerheiligentag, um den herum die Äquinoktialstürme zu tosen pflegen, von dem wir sagen, daß Friesland ihn wohl beklagen mag, erwartete er wie heut die Kinder das Christfest. Stand eine Springflut bevor, so konnte man sicher sein, er lag trotz Sturm und Wetter weit draußen am Deiche mutterseelenallein; und wenn die Möwen gackerten, wenn die Wasser gegen den Deich tobten und beim Zurückrollen ganze Fetzen von der Grasdecke mit ins Meer hinabrissen, dann hätte man Haukes zorniges Lachen hören können. (13)

Der junge Deichgraf meint, mit dem von ihm geschaffenen neuen Deich alle denkbaren Gefahren gebannt zu haben. Aber allein die Hochflut mag vielen Furcht vor dem Ungeheuerlichen einflößen – sie brauchen gar nicht so ängstlich zu sein wie die kleine Wienke, der Hauke das angeblich gebändigte Meer zeigen will:

> Es war Hochflut; als sie auf den Deich hinaufkamen, schlug der Widerschein der Sonne von dem weiten Wasser ihr in die Augen, ein Wirbelwind trieb die Wellen strudelnd in die Höhe, und neue kamen heran und schlugen klatschend gegen den Strand; da klammerte sie ihre Händchen angstvoll um die Faust ihres Vaters, die den Zügel führte, daß der Schimmel mit einem Satz zur Seite fuhr. Die blaßblauen Augen sahen in wirrem Schreck zu Hauke auf: „Das Wasser, Vater! das Wasser!" rief sie. (116)

Der neue Deich vermag vor dem zerstörerischen Meer nach menschlichem Ermessen Schutz zu bieten, nicht aber der alte. Die immer wiederkehrenden Sturmfluten hinterlassen ihre Spuren:

> Im Winter hatte es ein paarmal Hochwasser gegeben; aber es war nicht von Belang gewesen; nur drüben am andern Ufer war auf einer Hallig eine Herde Schafe ertrunken und ein Stück vom Vorland abgerissen worden; hier an dieser Seite und am neuen Kooge war ein nennenswerter Schaden nicht geschehen. Aber in der letzten Nacht hatte ein stärkerer Sturm getobt; jetzt mußte der Deichgraf selbst hinaus und alles mit eigenem Aug' besichtigen. Schon war er unten von der Südostecke aus auf dem neuen Deich herumgeritten, und es war alles wohl erhalten; als er aber an die Nordostecke gekommen war, dort, wo der neue Deich auf den alten stößt, war zwar der erstere unversehrt, aber wo früher der Priel den alten erreicht hatte und an ihm entlanggeflossen war, sah er in großer Breite die Grasnarbe zerstört und fortgerissen und in dem Körper des Deiches eine von der Flut gewühlte Höhlung, durch welche überdies ein Gewirr von Mäusegängen bloßgelegt war. Hauke stieg vom Pferde und besichtigte den Schaden in der Nähe: das Mäuseunheil schien unverkennbar noch unsichtbar weiter fortzulaufen. (122f.)

Hier, am alten Deich, beginnt die im Oktober des Jahres 1756 folgende Katastrophe. Storm gibt die furchtbare Gewalt von Sturm und Meer spannend wieder – vom Stärkerwerden des Sturms („Tag über hatte es stark aus Südwest gestürmt; abends stand ein halber Mond am Himmel, dunkelbraune Wolken jagten überhin, und Schatten und trübes Licht flogen auf der Erde durcheinander; der Sturm war im Wachsen." (132)) bis hin zum todbringenden Wassereinbruch durch den geborstenen alten Deich („Unwillkürlich riß er das Pferd zurück; da flog der letzte Wolkenmantel von dem Mond, und das milde Gestirn beleuchtete den Graus, der schäumend, zischend vor ihm in die Tiefe stürzte, in den alten Koog hinab. Wie sinnlos starrte Hauke darauf hin; eine Sündflut war's, um Tier und Menschen zu verschlingen." (142)).

Storms Naturschilderung in der Binnenerzählung beschränkt sich nicht auf das Meer, das zumeist eine zerstörerische Kraft zeigt. Seine Darstellung bezieht die verschiedenen Gebiete an der Nordseeküste mit ein – vom Watt bis zur Geest. Hauke Haien erlebt als Junge das Watt im Februar:

> Er lief weiter und weiter, bis er einsam in der Öde stand, wo nur die Winde über den Deich wehten, wo nichts war als die klagenden Stimmen der großen Vögel, die rasch vorüberschossen; zu seiner Linken die leere weite Marsch, zur andern Seite der unabsehbare Strand mit seiner jetzt vom Eise schimmernden Fläche der Watten; es war als liege die ganze Welt in weißem Tod.
> Hauke blieb oben auf dem Deiche stehen, und seine scharfen Augen schweiften weit umher; aber von Toten war nichts mehr zu sehen; nur wo die unsichtbaren Wattströme sich darunter drängten, hob und senkte die Eisfläche sich in stromartigen Linien. (15)

An einer anderen Stelle des Textes gibt Storm den Blick über das Watt bis hinüber zu einer kleinen Hallig frei, wie er sich vom Deich aus bietet:

> Von der Hofstelle des Deichgrafen, etwa fünf- bis sechshundert Schritte weiter nordwärts, sah man derzeit, wenn man auf dem Deiche stand, ein paar tausend Schritt ins Wattenmeer hinaus und etwas weiter von dem gegenüberliegenden Marschufer entfernt eine kleine Hallig, die sie „Jeverssand", auch „Jevershallig" nannten. Von den derzeitigen Großvätern war sie noch zur Schafweide benutzt worden, denn Gras war damals noch darauf gewachsen; aber auch das hatte aufgehört, weil die niedrige Hallig ein paarmal, und just im Hochsommer, unter Seewasser gekommen und der Graswuchs dadurch verkümmert und auch zur Schafweide unnutzbar geworden war. So kam es denn, daß außer von Möwen und den andern Vögeln, die am Strande fliegen, und etwa einmal von einem Fischadler, dort kein Besuch mehr stattfand; und an mondhellen Abenden sah man vom Deiche aus nur die Nebeldünste leichter oder schwerer darüber hinziehen. (75)

So eindrucksvoll wie hier das Gebiet vor dem Deich schildert der Dichter das Land hinter dem Deich, die Marsch, im Winter und im Sommer (vgl. S. 40 f. und S. 85 f.). Seine Wiedergabe des küstennahen Gebietes wäre nicht vollständig, wenn er nicht auch die Werften (z. B. S. 25) und das im Osten an die Marsch anschließende höhere Geestland (z. B. S. 37) erwähnte. So ist die Natur stets präsent, und Storm zeigt die Landschaft in allen Jahres- und Tageszeiten und bei jedem Wetter. In seine Schilderung bezieht er Pflanzen und Tiere mit ein.

In vielen Novellen Theodor Storms wird die Natur als Stimmungsträger verwendet. Das ist im *Schimmelreiter* nicht anders. Als gutes Beispiel vermag die Schilderung des Sturmes zu dienen. Das Sturmmotiv, ein wichtiges Handlungselement im inneren Rahmen und in der Binnenhandlung, durchzieht leitmotivartig die Novelle und dient stets dazu, die bedrohliche Atmosphäre zu verstärken. – Zur Vermittlung von Stimmungen zieht Storm auch andere Naturerscheinungen heran. Meisterhaft arbeitet er z. B. mit Dunkelheit und Helle, Sonnenaufgang und Sonnenuntergang, Sonnenschein und Mondlicht. Detaillierte Hinweise auf die jeweils erzielte Stimmung erübrigen sich wohl. Es genügt im übrigen der allgemeine Hinweis, daß es Storm mit großem erzählerischen Geschick gut gelang, die Naturdarstellung mit der Handlung aufs engste zu verbinden.

9.2 Das Verhältnis des Menschen zur Natur

Theodor Storm stellte Personen und Handlung seiner Novelle *Der Schimmelreiter* in einen wirklichkeitsnah geschilderten Raum. Es handelt sich dabei – wie schon ausführlich dargelegt – um die küstennahe Landschaft Nordfrieslands mit ihren von Deichen geschützten Koogen, mit Marsch und Geest, Watt und Halligen, in die der Mensch Einzelhöfe und Dörfer gebaut hat – aller Unbill zum Trotz.

Das Meer stellt eine ständige Bedrohung menschlichen Lebens dar, insbesondere dann, wenn es vom Sturm aufgepeitscht wird. Auf der anderen Seite steht der Deich, vom Menschen zum Schutz hervorgebracht. Meer und Deich (Naturgewalt und menschliches Können) sind die wesentlichen Symbole der Novelle. Bedrohung und ordnende Kraft stehen einander hier gegenüber. Das Meer stellt Gefahr und Aufgabe für den Menschen dar.

Schon in der Rahmenhandlung der Novelle findet man Beispiele für den Kampf des Menschen mit der Natur. Der Reiter, der auf einem nordfriesischen Deich nach Süden reitet, kann sich kaum gegen die wütenden Elemente behaupten (vgl. S. 3 f.). Der einsame Mensch fühlt sich in dieser aufgewühlten Natur bedroht und verloren. – Dieses unheilvolle Geschehen erreicht später seinen Höhepunkt. Die Binnenerzählung wird unterbrochen. Man erfährt, daß der Deichgraf und die Gevollmächtigten den Schulmeister und den Gast in höchster Not verlassen:

> Der Deichgraf war aufgestanden. „Sie wollen entschuldigen", sagte er sich zu mir wendend, „wir müssen draußen nachsehn, wo das Unheil hin will!" Dann ging er mit dem Boten zur Tür hinaus; aber auch die übrige Gesellschaft brach auf und folgte ihm. (55)

Am Ende der Rahmenerzählung haben die Naturgewalten wieder einmal zugeschlagen, und es ist danach ruhig geworden. Heller Mondschein signalisiert, daß Sturm und jagende Wolken vorüber sind. Die entsprechende Passage in der Novelle lautet:

> Als das ernsthafte Männlein das gesagt hatte, stand es auf und horchte nach draußen. „Es ist dort etwas anders geworden", sagte er und zog die Wolldecke vom Fenster; es war heller Mondschein. „Seht nur", fuhr er fort, „dort kommen die Gevollmächtigten zurück; aber sie zerstreuen sich, sie gehen nach Hause; – drüben am andern Ufer muß ein Bruch geschehen sein; das Wasser ist gefallen." Ich blickte neben ihm hinaus; die Fenster hier oben lagen über dem Rand des Deiches; es war, wie er gesagt hatte. [...] (145)

Am anderen Morgen zeigt sich dann die Natur von ihrer schönsten Seite – so, als sei nichts geschehen.

Die Binnenerzählung zeigt freilich, daß ein solch friedlicher, harmonischer Einklang zwischen Mensch und Natur an der Nordsee nur die Ausnahme ist. Die Hattstedter Marsch ist der Schauplatz eines fortwährenden Kampfes. Hier zeigt sich, daß der Tatkraft des Menschen (versinnbildlicht durch den Deich) Grenzen gesetzt sind.

Der Dorfgemeinschaft und den aus ihr herausragenden Einzelmenschen ist es aufgetragen, den Kampf mit dem Meer, das vielen in Nordfriesland zwar Arbeit gibt, aber doch oft ihre Existenz bedroht, tatkräftig aufzunehmen und die Gefahr nach Möglichkeit zu bannen.

Eine besondere Rolle spielt dabei das Individuum. Die Binnenhandlung der Novelle zeigt des öfteren Hauke Haiens Begegnung mit der Natur. Der Erzähler weiß von einsamen Spaziergängen und von Zwiegesprächen mit Wind und Wellen zu berichten. Immer wieder steht Hauke, der Außenseiter, allein den Kräften der Natur gegenüber und versucht den Kampf gegen die Übermacht. Das Meer ist eine Herausforderung an alle, eine tödliche Gefahr – für die Gemeinschaft wie für den Einzelmenschen.

Tede Haien tadelt seinen Sohn, der bei Sturm am Deich gewesen ist, mit den Worten: „Ich sag, du hättst versaufen können" (12). Später werden die Besorgnisse des Vaters dadurch bestätigt, daß im Februar Leichen angeschwemmt werden, die schrecklich aussehen. Mehrfach wird der ertrunkene Sohn der Trin' Jans erwähnt, der „hier an der Küste seinen jähen Tod gefunden" (19) hat. Das macht die toddrohende Gefahr, die vom Meer ausgeht, ebenso deutlich, wie es die Tiergerippe auf Jevershallig tun, denn die See gefährdet alles Lebende. Schließlich zeigt die verheerende Sturmflut, daß der Mensch der furchtbaren Gewalt des Meeres oft hilflos gegenübersteht. Gegen Ende der Binnenerzählung sieht der Deichgraf den Wagen seiner Familie mit Frau und Kind auf das Unheil zurasen und warnt vergebens durch lautes Rufen. Die schreckliche Bedrohung wird von Storm eindringlich beschrieben. So heißt es: „[...] eine Sündflut war's, um Tier und Menschen zu verschlingen", „Sturm und Meer waren nicht barmherzig", und „ein Brausen wie von Weltuntergang füllte ihre Ohren" (142 f.).

Diese Gefahr, die vom Meer ausgeht, sehen die Dorfgemeinschaft und das herausragende Individuum verschieden. Geboten ist allerdings ein Zusammenwirken aller Kräfte. Der einzelne vermag letztlich nichts Entscheidendes zu verwirklichen; andererseits geht von der Masse nichts wirklich Kreatives aus. Gemeinschaft und Individuum müßten sich somit in enger Zusammenarbeit der großen Aufgabe widmen. Überleben kann man letztlich nur, wenn man den Kampf mit vereinten Kräften gemeinsam aufnimmt.

Der Widerstreit zwischen Meer (Natur) und Deich (ihn gestaltet die Arbeitskraft des Menschen) birgt den wichtigsten Konflikt der Novelle. Die Bevölkerung hat Angst vor dem gewaltigen neuen Deichbau; Hauke Haien gelingt es nicht, die irrationalen Kräfte zu überwinden. Sein Streben nach Gemeinwohl bleibt Episode. Haukes Beziehungen zur Dorfgemeinschaft sind, wie ausführlich dargelegt, empfindlich gestört. Sein Verhältnis zum Meer ist anders als das der meisten anderen. Schon als Junge ruft er den gespenstischen Gestalten im Watt furchtlos entgegen: „[...] ihr sollt mich nicht vertreiben!" (16). Gegen das Irrationale kämpft er von Anfang an und sieht sich durch das bedrohliche Meer persönlich herausgefordert. Er möchte die Kräfte des Gegners vernunftmäßig einschätzen und dann bezwingen. Letztlich ist es dann eine Frage des technischen Könnens des Menschen – eines „homo faber" –, ob der Kampf gelingt.

Die zerstörenden Kräfte der Natur können, so scheint es, gerade in einer Zeit der wissenschaftlich begründeten Technik in die Schranken gewiesen werden. Der Deichgraf folgt in seinem Optimismus dem Denken des 18. Jahrhunderts. Er handelt fortschrittlich und ist davon überzeugt, daß die berechneten und physikalisch untermauerten Gegenmaßnahmen den Naturgewalten zu trotzen vermögen. Nur am Rand sei hier angemerkt, daß offenbar die Zeit der Entstehung der Novelle nicht ohne Einfluß geblieben ist. In den Gründerjahren war man in besonderem Maße der Auffassung, daß der handelnde Mensch mit Hilfe der auf wissenschaftlichen Erkenntnissen basierenden Technik auch die Kräfte der Natur beherrschen könne.

Storm zeigt in seiner Novelle, daß sich der Deichgraf, ein willensstarker und zielbewußter Mensch des 18. Jahrhunderts, mit seiner Überzeugung auf dem richtigen Weg befindet. Hauke Haien ist noch der Triumph gegönnt, daß der der Dorfgemeinschaft abgetrotzte und gleichsam aufgezwungene neue Deich den Kräften der Natur standhält, daß sich das neue Profil also bewährt. Nach Jahren zeigt sich allerdings, daß er sich nicht konsequent genug für den Schutz der ihm Anvertrauten eingesetzt hat. Er kämpft dann nochmals gegen die Flut, aber vergebens.

Haukes Scheitern läßt Storms Zweifel am Erfolg des menschlichen Kampfes gegen übermächtige Naturkräfte erkennen. Zu dieser pessimistischen Haltung mag eine spektakuläre Katastrophe beigetragen haben, die sechs Jahre vor Beginn der Arbeit an der *Schimmelreiter*-Novelle geschah. Am 28. Dezember 1879 stürzte ein Teil der neuen Eisenbahnbrücke über den Firth of Tay in Schottland durch einen entsetzlichen Sturm zusammen und riß einen aus Edinburgh kommenden Zug in die Tiefe. Die Vossische

Zeitung nannte die Brücke am 30.12.1879 „eines der Wunder der Brückenbaukunst" [65]. Theodor Fontane schrieb unter dem Eindruck der erschütternden Zeitungsberichte seine Ballade *Die Brück' am Tay*, in der die Katastrophe als Symbol der Übermacht unergründlicher Naturkräfte verstanden wurde. Storm mag ähnlich wie Fontane über die Grenzen der menschlichen Kräfte und die Folgen der Vermessenheit nachgedacht haben.

In diesem Zusammenhang sollte man darauf hinweisen, daß sich die Natur nicht nur in Gestalt des unberechenbaren Meeres gegenüber dem Rationalisten Hauke Haien als übermächtiger Gegenspieler präsentiert. Man denke dabei an einige schicksalhafte Gegebenheiten. Hauke Haien muß erkennen, daß dem menschlichen Wollen von der Natur Grenzen gesetzt sind. Erst im neunten Ehejahr bringt Elke ein Kind zur Welt. Dieses Mädchen nimmt nicht die übliche Entwicklung; das Ehepaar muß den Schwachsinn des Kindes als Fügung des Schicksals akzeptieren. Zu den den Menschen von der Natur gesetzten Grenzen gehört auch die Krankheit. Hauke bangt nach Wienkes Geburt um das Leben seiner an Kindbettfieber erkrankten Frau. Dieses Ereignis – so sehr es auch den Ehemann berührt – schwächt sein Wirken letztlich nicht. Schicksalhaft wird dagegen seine eigene Erkrankung. Gegen das Marschfieber ist er machtlos; die Natur ist hier stärker als er. Nach seiner Genesung hat er nicht die alte, bewährte Kraft; Ole Peters' Rat, die schadhafte Deichstelle bei Tageslicht noch einmal zu besichtigen, folgt er aus Schwäche; er, der noch nicht weiß, „wie uns die Natur mit ihrem Reiz betrügen kann" (127), läßt sich täuschen, was zu verhängnisvollen Folgen führt.

Storms pessimistische Haltung gerade während der Entstehung seiner letzten großen Novelle kann auch durch Persönliches erklärt werden. Wie an anderer Stelle berichtet, war der Dichter seit Oktober 1886 todkrank und überaus geschwächt. Zudem stürzte ihn der Tod seines Sohnes Hans (im Dezember 1886) in tiefe Depressionen. Die Schicksalsnovelle, die zu dieser Zeit fertig wurde, gab – wie *Der Schimmelreiter* – des Dichters Seelenlage wieder. Von März bis Mai 1887 entstand *Ein Bekenntnis*. In dieser Novelle tötet ein Arzt seine unheilbar an Krebs erkrankte Frau; er erfährt zu spät, daß eine Heilung möglich gewesen wäre. – In den Monaten vor seiner schweren Erkrankung (Mai bis September 1886) entstand Storms Novelle *Ein Doppelgänger*, die ebenfalls des Dichters eher pessimistische Haltung erkennen läßt. Gleich zweimal tritt hier der Tod als schicksalhafte Macht auf. Die Frau des armen, von der Gesellschaft gemiedenen ehemaligen Zuchthäuslers John Glückstadt-Hansen stürzt bei einem heftigen Streit zwischen dem Ehepaar so unglücklich, daß sie daran stirbt. Er selber kommt später durch einen tragischen Sturz in einen Brunnen um. –

Vieles macht, wie an Beispielen gezeigt werden konnte, die Tatsache verständlich, daß *Der Schimmelreiter* düster endet und alle Anstrengungen des Deichgrafen vergebens waren. Für die Bevölkerung ergibt sich aus Haukes Scheitern ein neuer Anlaß zu Spekulationen.

Von Anfang an ist die Dorfgemeinschaft skeptisch. Engstirnigkeit ist es, welche die Menge auf Distanz zur starken Einzelpersönlichkeit gehen läßt, wie von seiten des Individuums Überheblichkeit als wesentlicher Grund für die Entfremdung von der Gemeinschaft auftritt. Allen fehlt es an solidarischem Bewußtsein, das angesichts der drohenden Gefahr angebracht wäre. – Gestört ist im *Schimmelreiter* auch das Verhältnis des herausragenden Einzelmenschen zu seinen engsten Familienangehörigen. Immer seltener werden die Stunden, in denen sich Hauke Haien seiner Frau offenbart. Elke äußert oft ihre Sorgen, wird von ihrem Mann aber immer weniger verstanden. Gerade in einer entscheidenden Situation zeigt sich eine tiefgreifende Gefährdung der Harmonie zwischen den beiden Menschen, die zu Beginn so viel verband. So bringt der Deichgraf nicht den Mut auf, mit seiner Frau über die schadhafte Stelle am Deich und über seine Befürchtungen zu sprechen. Weder gegenüber der Dorfgemeinschaft noch gegenüber seiner Frau kommt ein Gefühl der Solidarität zustande. Das gestörte Verhältnis zwischen den Ehepartnern kann man im übrigen dadurch versinnbildlicht sehen, daß die beiden ein krankes Kind haben. Den Eltern bleibt es versagt, eine gesunde Nachkommenschaft zu haben, auf die man normalerweise hoffen darf. Von der Dorfgemeinschaft lebt das Paar, dessen Beziehungen in zunehmendem Maße gestört sind, weitgehend isoliert. Wienkes Hilfsbedürftigkeit stellt dabei sogar eine Bereicherung dar: „So lebten die Menschen auf dem Deichgrafshofe still beisammen; wäre das Kind nicht dagewesen, es hätte viel gefehlt." (118) Man führt ein von der Gemeinschaft abgesondertes Dasein.

Im Grunde ist aber die Herausforderung durch die Natur so stark, daß *alle* Bewohner des gefährdeten Gebietes zusammenhalten müßten. Die gemeinsamen Aufgaben zum Schutze des Landes und zur Neulandgewinnung sind eine Herausforderung an alle. Der Deich ist gleichsam ein Sinnbild für das gemeinsame Wirken des einzelnen, der plant und berechnet, und der Menge, welche das Werk verwirklicht. Der Bruch am alten Deich zeigt, daß die gemeinsame Arbeit nicht mehr als wirklich verpflichtende Aufgabe betrachtet wurde. Die frühere echte Gemeinschaft brachte den alten Deich hervor und erhielt ihn; der isolierte einzelne erzwingt den neuen und versäumt es, die Reparatur des alten Bollwerks zu befehlen. Notwendig wäre es, das Bisherige zu verbessern, also Tradition mit Fortschritt zu verbinden, und nicht das Neue widerwillig zu schaffen (Masse der Bevölkerung) bzw. zu favorisieren (Deichgraf). Die Katastrophe erwächst somit zu einem wesentlichen Teil aus dem gestörten Verhältnis zwischen dem genialen Einzelmenschen und der schwerfälligen, beharrenden Gemeinschaft, das ein echtes Miteinander nicht aufkommen läßt. Durch menschliches Fehlverhalten siegt das Chaos. Die gestaltenden, ordnenden Kräfte des Menschen sind den Kräften der Natur nicht gewachsen. Das stets drohende Chaos läßt sich nur dann verhindern, wenn *alle* ihre Aufgaben erkennen und erfüllen. Das ist allgemein unbestritten, und so muß man eine Äußerung Winfried Freunds als Theodor Storms Intentionen nicht erfassend bezeichnen:

> Angesichts der in der wilhelminischen Gesellschaft keimenden Ideologie vom Übermenschen warnt Storm vor den katastrophalen Einflüssen sozial unkontrollierter Führerfiguren, vor der hemmungslosen Selbstinszenierung ebenso wie vor der Kritiklosigkeit und dem unaufgeklärten Verhalten der Masse, die das innovative Individuum dämonisiert, anstatt es zu kontrollieren.[66]

Verheerende Herausforderungen des Menschen, durch falsches Tun hervorgerufen, gab es schon in anderen Epochen, und so ist es wohl übertrieben, wenn Freund davon spricht, der „Glanz des Bürgers“ habe „sich fast notwendig in das allgemeine bürgerliche Elend verkehren“[67] müssen, weil der einzelne, seine Chance nutzend, die Interessen der anderen mißachtete und seinen Aufstieg suchte. Der Dichter wollte – am historischen Beispiel – Allgemeingültiges aufzeigen und menschliches Fehlverhalten warnend vor Augen führen. Das schließt nicht aus, daß er den Menschen der Gründerzeit mit einbezog. Storm nahm viel stärker an dem Geschehen seiner Zeit teil, als man es früher wahrhaben wollte. Gerade viele Briefe zeigen, daß der Husumer alles andere als ein weltfremder und -ferner Romantiker war, der sich vom Tagesgeschehen zurückzog. Man sollte sich jedoch davor hüten, sein Werk vordergründig als Reaktion auf den Zeitgeist zu betrachten und sein Schaffen mit damals Aktuellem zu verknüpfen, um dem Dichter damit – wie man meint – zu neuer Reputation zu verhelfen. Storm war durchaus ein kritischer Zeitgenosse und weit entfernt davon, der Dichtung den Elfenbeinturm zuzuweisen. Auf der anderen Seite hob er sie über die Niederungen des Alltags und bot in ihr allgemeingültige Aussagen über den Menschen, sein Wesen und Handeln. Meer und Deich in der Novelle *Der Schimmelreiter* sind in diesem Sinne Symbole, die den uralten und fortdauernden Kampf des Menschen mit der Natur bildkräftig wiedergeben.

10
Elemente des Irrationalen

Vorbemerkung

Reale und imaginäre Welt: dieses Nebeneinander war in der Novelle der Romantik durchaus üblich. Im Schaffen E. T. A. Hoffmanns z. B. überwiegt oft das Phantastische, und der Verfasser nimmt vom Leser an, daß er die irrationalen Phänomene ohne weiteres als vorhanden akzeptiert. Ganz anders verhält sich der realistische Erzähler. Sein Schaffen ist der Wirklichkeit weit stärker verhaftet, und es gilt, Irrationales so einzubinden, daß es die Grundhaltung nicht stört.

Theodor Storm, der – wie erwähnt – Spukgeschichten gerne hörte und erzählte, bei dem die realistische Grundhaltung sonst aber überwog, sah sich gezwungen, sich mit dem Übernatürlichen auf seine Weise auseinanderzusetzen. In seiner Novelle *Der Schimmelreiter* geschieht das auf zwei Ebenen – zum einen im inneren Rahmen, zum anderen in der Binnenhandlung, die er den Schulmeister erzählen läßt.

10.1
Rahmenhandlung

In der inneren Rahmenerzählung findet eine intensive und zugleich überzeugende Auseinandersetzung mit dem Irrationalen statt; sie ist für den Leser und für den Reisenden wichtig. Am Beginn spielt dabei das Übernatürliche eine größere Rolle als am Schluß; Spukhaftes, Geheimnisvolles wird immer mehr zurückgedrängt, und am Ende ist die realistische Orientierung stärker als am Anfang; die Novelle *Der Schimmelreiter* entspricht darin ganz der realistischen Erzähltradition. Dennoch wäre es – das sei schon an dieser Stelle gesagt – falsch, Storm als modernen Rationalisten hinzustellen. In seinem *Schimmelreiter* ist manches geheimnisvoll und letztlich unerklärlich. So bleibt z. B. das Schimmelreiter-Phänomen als reales Erlebnis des authentischen Erzählers (im zweiten Rahmen) bestehen.

Die vorhandenen Spannungen zwischen Übernatürlichem und Wirklichem und das jeweilige Verhältnis der beiden Elemente zueinander lassen sich am Erleben des Reisenden gut aufzeigen. Der Fremde, der die Sage vom Schimmelreiter offenbar noch nicht kennt, wird auf seinem Ritt vehement mit Gespenstischem konfrontiert. Im Text heißt es:

> Jetzt aber kam auf dem Deiche etwas gegen mich heran; ich hörte nichts; aber immer deutlicher, wenn der halbe Mond ein karges Licht herabließ, glaubte ich eine dunkle Gestalt zu erkennen, und bald, da sie näher kam, sah ich es, sie saß auf einem Pferde, einem hochbeinigen hageren Schimmel; ein dunkler Mantel flatterte um ihre Schultern, und im Vorbeifliegen sahen mich zwei brennende Augen aus einem bleichen Antlitz an. (5)

Vorbereitet wird diese Textstelle durch die Schilderung einer unheimlichen Atmosphäre. Erwähnt werden „die öde, bereits von allem Vieh geleerte Marsch" (3), die „wüste Dämmerung" (4) und „der halbe Mond" (4).

Die Begegnung des Reisenden mit der „dunkle[n] Gestalt" (5) wird nicht eindeutig dargestellt; Storm bietet eine Mischung von Übernatürlichem und rational Erklärbarem. Eine Sinnestäuschung des Reisenden ist durchaus denkbar, schon angesichts des furchtbaren Wetters und der schlechten Sicht. Die „dunkle Gestalt [...] auf einem Pferde, einem hochbeinigen hageren Schimmel" (5), eingehüllt in einen flatternden Mantel, kann durchaus vorhanden gewesen sein, aber der Reisende kommt zu keinem endgültigen Schluß, hat er doch „keinen Hufschlag, kein Keuchen des Pferdes vernommen" (5). Alles bleibt – mit Absicht – offen.

Im Gasthaus bewirkt die Erzählung des Reisenden bei nahezu allen Erschrecken. Auch der Deichgraf, der Nachbar des Angekommenen, läßt erkennen, daß er dem Auftauchen des Schimmelreiters eine bestimmte Bedeutung beimißt. Nur der Schulmeister, dessen „etwas kränkliche Stimme" (8) sich plötzlich bemerkbar macht, setzt sich von der Haltung der anderen (und auch von der Erzählweise der Antje Vollmers, der Wirtschafterin des Deichgrafen) ab. Er will das erzählen, was er vom Deichgrafen Hauke Haien und vom Schimmelreiter weiß. Er antwortet, zum Sprechen aufgefordert: „Nun freilich [...] will ich gern zu Willen sein; aber es ist viel Aberglaube dazwischen und eine Kunst, es ohne diesen zu erzählen." (9) Er erreicht dann im Laufe seiner Darstellung, daß das Übernatürliche immer mehr zurücktritt. So haben die Rahmenabschnitte für den aufgeschlossenen Leser die Aufgabe, alles Abergläubische im Laufe des Erzählprozesses immer weiter zurückzudrängen – ganz im Sinne des aufgeklärten Schulmeisters und damit auch Storms.

Im zweiten Rahmenabschnitt, der auf die Episode mit den Seegespenstern folgt, wird das Spukhafte zunächst erneuert. Im Text heißt es:

> [...] unter den übrigen Gästen, die bisher lautlos zugehört hatten, nur mit dichterem Tabaksqualm das niedrige Zimmer füllend, entstand eine plötzliche Bewegung; erst einzelne, dann fast alle wandten sich dem Fenster zu. Draußen – man sah es durch die unverhangenen Fenster – trieb der Sturm die Wolken, und Licht und Dunkel jagten durcheinander; aber auch mir war es, als hätte ich den hageren Reiter auf seinem Schimmel vorbeisausen gesehen. (16f)

Der Schulmeister aber beschwichtigt die anderen; sozusagen augenzwinkernd geht er auf den Aberglauben vieler Anwesender ein. Seine Ruhe bewirkt einen raschen Wandel, und die Zuhörer wenden sich ihm wieder zu, „meist mit etwas verdutzten Gesichtern" (17).

Nun nimmt das Übernatürliche in der Binnenerzählung zu; als Gegengewicht dazu verliert es im Rahmen weiter an Bedeutung. In der dritten Unterbrechung zeigt sich das sehr eindrucksvoll. Der Erzähler wird zunächst von der Nachricht unterbrochen, der Schimmelreiter habe „sich in den Bruch gestürzt" (55). Der Deichgraf erhebt sich mit den Worten: „Sie wollen entschuldigen, wir müssen draußen nachsehn, wo das Unheil hin will!" (55) Die anderen folgen ihm. Der Reisende aber wird vom unerschrockenen Schulmeister („[...] ich kenne die Wetter hier am Deich, für uns ist nichts zu fürchten", 56) in die Bibliothek im oberen Stockwerk geführt. Das Zimmer des gelehrten Erzählers ist ein Gegenpol zum turbulenten Spuk. Vom Unwetter abgeschirmt, bei geschlossenen Vorhängen, kann der Schulmeister in aller Ruhe weitererzählen. Der Gast ist dabei, sich aller abergläubischen Vorstellungen zu entledigen und allen Spukglauben der eher einfältigen Dorfbevölkerung zuzuordnen.

In der vierten Unterbrechung weist der Schulmeister nachhaltig darauf hin, daß alles Spukhafte, das seine Erzählung nun bringen wird, in den Bereich des Geschwätzes gehört:

> [...] was ich, damit Sie dieses mit dem endlichen Verlauf in Einklang zu bringen vermögen, Ihnen jetzt vorzutragen habe, das war derzeit

> und ist auch jetzt noch das Geschwätz des ganzen Marschdorfes, sobald nur um Allerheiligen die Spinnräder an zu schnurren fangen. (75)

Er verweist auf seine Nachforschungen, und das vermag den Gast wohl weitgehend zu überzeugen.

Im fünften Rahmeneinschnitt findet man gar kein Wort mehr über Irrationales; eine Jahreszahl (1756) lenkt den Blick dagegen auf historische Fakten, die nichts mit der Spukwelt zu tun haben, sondern der Realität angehören.

Das Problem unerklärlicher Erscheinungen und ihrer Deutung wird letztmals im Schlußteil des inneren Rahmens aufgegriffen. Der Schulmeister meint von seiner Geschichte:

> [...] Freilich, die Wirtschafterin unseres Deichgrafen würde sie Ihnen anders erzählt haben; denn auch das weiß man zu berichten: jenes weiße Pferdsgerippe ist nach der Flut wiederum, wie vormals, im Mondschein auf der Jevershallig zu sehen gewesen; das ganze Dorf will es gesehen haben. (144)

Antje Vollmers' Sicht des Geschehenen wird ironisch abgetan, und danach wird eine Information (im Indikativ geschrieben) durch die Art der Formulierung in ihrem Wert stark eingeschränkt, wenn nicht nahezu aufgehoben.

Der Reisende könnte, wenn er nun ganz der Darstellung des Erzählers folgte und zudem sein eigenes Schimmelreiter-Erlebnis weitgehend zurückdrängte, jetzt davon überzeugt sein, daß es sich bei der Geschichte vom Deichspuk um abergläubische Scheinurteile handelt, die von vielen Dorfbewohnern verbreitet werden. Auch der Leser ist möglicherweise zu diesem Ergebnis gekommen; er ist vielleicht geneigt, jetzt der eindeutig realistischen Deutung den Vorzug zu geben.

Allerdings könnte man angesichts der Menge des einschlägig Gebotenen weiterhin Zweifel daran haben, daß Theodor Storm allem Irrationalen eine Absage erteilt habe.

Eindeutiges vermittelt der ursprüngliche Schluß der Novelle, den der Dichter strich. Die Original-Handschrift wurde von Storms Enkel Hans 1936 an die Schleswig-Holsteinische Landesbibliothek Kiel verkauft; sie wurde von dem Storm-Forscher Karl-Ernst Laage entdeckt und 1979 veröffentlicht.[68]

Der ursprüngliche Schluß (der Text befindet sich im Kapitel „Materialien“ des vorliegenden Buches), eingeschoben zwischen den Textstellen „[...] – das geht noch alle Tage" und „Als das ernsthafte Männlein das gesagt hatte, [...]" (145), zerfällt in zwei Teile. Carstens Erzählung erneuert die Vorstellung vom Pakt mit dem Teufel, wobei allerdings der Vortragende dick aufträgt und die zuhörende Vollina übertrieben begierig zuhört; der Gespensterglauben wird eindeutig parodiert. Storm mag diese Passage, die den Aberglauben ad absurdum zu führen vermochte, deswegen gestrichen haben, weil sie in ihrem komischen Ton nicht zur sonstigen stilistischen Gestaltung der Novelle paßte. – Der zweite Teil des ursprünglichen Schlusses greift die angebliche Wiedergängererscheinung auf. Der Gespensterglaube wird gegenstandslos, weil der Schimmelreiter als der Bruder des Sophienhofbesitzers dargestellt wird, der über die Deiche reitet.

Storm eliminierte den ganzen Einschub vielleicht deswegen, weil dem Leser eine Aufgabe bleiben sollte: nämlich die, über die Fragen, welche die Novelle bezüglich der Rolle des Irrationalen aufwirft, gründlich nachzudenken.

Man kann gerade die Umgestaltung des ursprünglichen Schlusses als Ausdruck der Intention Storms sehen, die Erzählung vom Schimmelreiter nicht einfach als Spukgeschichte aufzuklären (wie in der Erstfassung), sondern ihr eine höhere poetische Dignität zu verleihen: Dadurch, daß das Phänomen „Schimmelreiter" letztlich ungeklärt bleibt, kann es als symbolisches Korrelat der Naturmächte nachempfunden werden. –

Der endgültige Schluß der Erzählung gibt auch Anlaß zu der Überlegung, ob denn der rationalistische Schulmeister das Übernatürliche nicht allzu sehr zurückgedrängt habe. Der Deichgraf bemerkt gegenüber dem Reisenden: „Alles vorüber! [...] Aber unser Schulmeister hat Ihnen wohl schön was weisgemacht; er gehört zu den Aufklärern!" (145) Der Angesprochene antwortet darauf: „Er scheint ein verständiger Mann!" (145) Damit billigt der Reisende dem sachkundigen Mann vernünftiges Denken zu, gibt aber nicht zu erkennen, daß er von allen rationalen Deutungsversuchen überzeugt worden sei. Es bleibt manches in der Schwebe. Das ist auch beim Leser der Fall. Einerseits fühlt er sich dazu angeregt, das Irrationale als Aberglauben abzutun, also ganz nüchtern zu denken; andererseits ist er davon beeindruckt, daß in der Erzählung viele an Übernatürliches glauben und selbst ein Mann wie der Reisende das Schimmelreiter-Phänomen erlebt.

10.2
Binnenhandlung

Nicht nur im inneren Rahmen der Novelle *Der Schimmelreiter* spielt das Unerklärliche eine Rolle. Auch in der Binnenerzählung setzt sich Storm mit diesem reizvollen Gegenstand auseinander. Elemente des Irrationalen sind u. a. die Episode mit den Seegespenstern, die Deichopfererzählung, der Spuk auf Jevershallig, der Erwerb des eigentümlichen Schimmels, Unerklärliches vor der großen Sturmflut und der Aberglauben der meisten Dorfbewohner.

Unheimliches begegnet dem Leser erstmals in der Seegespenster-Begebenheit im zweiten Erzählabschnitt. Dort heißt es:

> Im Februar bei dauerndem Frostwetter wurden angetriebene Leichen aufgefunden; draußen am offenen Haf auf den gefrorenen Watten hatten sie gelegen. Ein junges Weib, die dabeigewesen war, als man sie in das Dorf geholt hatte, stand redselig vor dem alten Haien: „Glaub nicht, daß sie wie Menschen aussahen", rief sie; „nein, wie die Seeteufel! So große Köpfe", und sie hielt die ausgespreizten Hände von weitem gegeneinander, „gnidderschwarz und blank, wie frischgebacken Brot! Und die Krabben hatten sie angeknabbert; und die Kinder schrien laut, als sie sie sahen!" (14)

Der alte Haien weist den Gedanken an „Seeteufel" „gleichmütig" von sich und meint nur lakonisch: „Sie haben wohl seit November schon in See getrieben!" (15) Hauke Haien weiß nun, was er von dem Bericht der Frau zu halten hat.

Dem Irrationalen gegenüber zeigt schon der Heranwachsende in zunehmenden Maße Skepsis. Diese Haltung verstärkt sich später. Seine Frau zeigt diesselbe nüchterne Grundeinstellung. Elke berichtet ihrem Mann, der einen neuen Deich und einen neuen Koog plant, von seltsamen Deichopferbräuchen. In dem Textabschnitt, in dem sich die Eheleute über Probleme unterhalten, kann man lesen:

> Eine Erinnerung überkam sie, und ein fast schelmisches Lächeln brach aus ihren ernsten Augen: „Als ich Kind war", sprach sie, „hörte ich einmal die Knechte darüber reden; sie meinten, wenn ein Damm dort halten solle, müsse was Lebigs da hineingeworfen und mit verdämmt werden; bei einem Deichbau auf der anderen Seite, vor wohl hundert Jahren, sei ein Zigeunerkind verdämmet worden, das sie um

> schweres Geld der Mutter abgehandelt hätten; jetzt aber würde wohl keine ihr Kind verkaufen!" Hauke schüttelte den Kopf: „Da ist es gut, daß wir keins haben, sie würden es sonst noch schier von uns verlangen!" (72)

Dem Irrationalen gegenüber verhalten sich die einfachen Leute ganz anders als Hauke und seine Frau, welche die Protagonisten einer davon völlig abweichenden Einstellung sind. Wie die übrige Dorfbevölkerung Übernatürliches aufnimmt, das zeigt sich wohl besonders an dem Erzählabschnitt, der den Spuk auf Jevershallig zum Inhalt hat. Iven Johns, Knecht des Deichgrafen, und ein Tagelöhner aus dem Tede-Haienschen Hause meinen, daß sie in der Ferne einen Schimmel sich bewegen sehen – dort, wo bislang nur ein Pferdegerippe lag. Der Leser mag das alles für eine Sinnestäuschung halten, denn Storm erwähnt „Nebeldünste" (75) und spricht von „der im trüben Mondduft kaum erkennbaren Hallig" (76). Carsten, der Dienstjunge des Deichgrafen, greift den Spukgedanken auf. Iven Johns, der Knecht, meint zwar zu dessen Auffassung, in manchen Nächten sollten „die Knochen sich erheben und tun, als ob sie lebig wären" (77), das sei „Altweiberglaube" (78), aber dennoch ist er damit einverstanden, daß die Angelegenheit vor Ort geprüft wird. Carsten kann zwar auf Jevershallig nichts als ein Pferdegerippe sehen, beide jedoch glauben kurz darauf wieder, ein Pferd in der Ferne zu sehen. Iven meint zu dem Jungen; „[...] von hier aus geht's wie lebig, und drüben liegen nur die Knochen – das ist mehr, als du und ich begreifen können." (81) Die Realität wird durch Irrationales überlagert, wie man leicht erkennen kann.

Das Irrationale, den Sinnen nicht Zugängliche, steigert sich nun in der Binnenhandlung. Hauke bringt eines Abends von einem Ritt in die Stadt einen abgemagerten Schimmel mit, den er auf dem Damm einem Unbekannten abkaufte – einem Mann mit einer braunen „Hand, die fast wie eine Klaue aussah" (84), der satanisch lachte. Das billig erworbene Tier erholt sich prächtig. Erneut werden nun Iven und Carsten aktiv. Als man den Schimmel auf Jevershallig nicht mehr sieht, meint der Junge auf Johns' Frage, wo das gesichtete Tier denn jetzt sei: „Es steht in unserem Stall; da steht's, seit es nicht mehr auf der Hallig ist. Es ist auch nicht umsonst, daß der Wirt es allzeit selber füttert; ich weiß Bescheid, Iven!" (87) Der Ältere widerspricht, doch der Junge bleibt bei seiner Meinung, verläßt den Dienst und wird Knecht bei Ole Peters. „Hier fand er andächtige Zuhörer für seine Geschichte von dem Teufelspferd des Deichgrafen" (87) – so kann man im Text lesen. Das Teufelsmotiv wird zu einem wichtigen Element des Übernatürlichen.

Die Verteufelung des Schimmels wird schließlich auf seinen Reiter übertragen. Als Hauke Haien später bei einer Sturmflut als „hagere Gestalt auf dem feurigen Schimmel" (104) durch die Menschenmenge reitet, ist er für viele bereits der Leibhaftige – oder zumindest einer, der mit dem Teufel im Bunde steht. Hauke, der offenbar an Gott zweifelt („Ich weiß ja wohl, du kannst nicht allezeit, wie du willst, auch du nicht" – so hat er gebetet, als Elke nach der Niederkunft im Fieber lag; S. 99) wie es die frömmelnden Sektierer behaupten, wird verteufelt:

> [...] seine Gebetsworte liefen um von Haus zu Haus: er hatte Gottes Allmacht bestritten; was war ein Gott denn ohne Allmacht? Er war ein Gottesleugner; die Sache mit dem Teufelspferde mochte auch am Ende richtig sein! (100)

Der Erzähler relativiert die Angelegenheit, denn er berichtet abwartend:

> Das damals stark im Schwange gehende separatistische Konventikelwesen hatte auch unter den Friesen seine Blüten getrieben; heruntergekommene Handwerker oder wegen Trunkes abgesetzte Schulmeister spielten darin die Hauptrolle, und Dirnen, junge und alte Weiber, Faulenzer und einsame Menschen liefen eifrig in die heimlichen Versammlungen, in denen jeder den Priester spielen konnte. Aus des Deichgrafen Hause brachten Ann Grete und der in sie verliebte Dienstjunge ihre freien Abende dort zu. (99f.)

Mit dieser negativen Darstellung sind Hauke Haiens Gegner in ihrer Bedeutung herabgesetzt. Der Leser erkennt klar, daß dem Deichgrafen nichts Ungewöhnliches in Richtung des Übersinnlichen anhaftet; dagegen wird die abergläubische Furcht der Menschen ohne rationale Steuerung zwar als existent, aber als nicht berechtigt hingestellt.

Trin' Jans gehört zu den Gestalten der Novelle, die dem Irrationalen besonders verbunden sind und Althergebrachtes weitergeben. So erzählt sie der kleinen Wienke die Geschichte von dem Wasserweib, dem der Rückweg ins Meer versperrt worden sei. Zuerst beteuert sie der Kleinen gegenüber, sie habe das zur Zeit des Urgroßvaters des Kindes selbst erlebt, sie habe das Meerweib selbst gesehen und ihre Schreie gehört. Als der Deichgraf hinzukommt und die Alte ermahnt, ihre „Mären für sich zu behalten oder sie den Gäns' und Hühnern zu erzählen“ (120), behauptet Trin' schnell, ihr Großonkel habe ihr die Geschichte erzählt. Die alte Trin' Jans gehört zu dem Personenkreis, der das den Sinnen nicht Zugängliche für glaubwürdig und zum Leben gehörig betrachtet und diese Haltung an die Jugend weiterzugeben versucht.

Eine letzte Steigerung erfährt die Schilderung des Irrationalen gegen Ende der Erzählung, und zwar dort, wo die Zeit kurz vor der Sturmflutkatastrophe wiedergegeben wird. Unheimliche Vorzeichen von Unheil zeigen sich:

> Bald, nachdem Trin' Jans oben bei der Kirche eingegraben war, begann man immer lauter von allerlei Unheil und seltsamem Geschmeiß zu reden, das die Menschen in Nordfriesland erschreckt haben sollte: und sicher war es, am Sonntage Lätare war droben von der Turmspitze der goldne Hahn durch einen Wirbelwind herabgeworfen worden; auch das war richtig: im Hochsommer fiel, wie ein Schnee, ein groß Geschmeiß vom Himmel, daß man die Augen davor nicht auftun konnte und es hernach fast handhoch auf den Fennen lag, und hatte niemand je so was gesehen. (130)

Theodor Storm, der sich hier an Heimreichs Chronik anlehnt, berichtet ganz nüchtern bzw. läßt das den Erzähler der Binnenhandlung tun. Die Bewertung ergibt sich letztlich daraus, daß er die Magd Ann Grete das vorher Dargebotene noch übertreffen läßt und damit zeigt, daß man auch das andere auf das Reale reduzieren muß. Ann Grete erzählt, nachdem sie die Meinung geäußert hat, mit dem Schimmel des Deichgrafen sei es „am Ende auch nicht richtig“ (131):

> „Ja, ja; was kümmert's mich! Aber drüben, an der andern Seite, geht's noch schlimmer als bei uns! Nicht bloß Fliegen und Geschmeiß, auch Blut ist wie Regen vom Himmel gefallen; und da am Sonntagmorgen danach der Pastor sein Waschbecken vorgenommen hat, sind fünf Totenköpfe, wie Erbsen groß, darin gewesen, und alle sind gekommen, um das zu sehen; im Monat Augusti sind grausige rotköpfige Raupenwürmer über das Land gezogen und haben Korn und Mehl und Brot, und was sie fanden, weggefressen, und hat kein Feuer sie vertilgen können!“ (131)

Die Erzählerin verstummt, als die Hausfrau hinzutritt – wie Trin' Jans ihr Verhalten ändert, als sie sich von Hauke beobachtet fühlt und der Deichgraf sie ermahnt. Frau Elke wendet sich gegen solches Gerede und schickt Ann Grete und die ihr Zuhörenden an die Arbeit. Phantastisches Geschwätz und wirklichkeitsbezogenes Handeln stehen sich hier klar gegenüber. Irrationales Denken kann durch diesseitsbezogenes Tun bekämpft und überwunden werden – so stellt es der Schulmeister dar. Storm erreicht mit seiner Art des Erzählens (Ann Gretes Gerede erscheint als nicht glaubwürdig), daß der Leser geneigt sein könnte, alles Geheimnisvolle in den Bereich des Unwirklichen zu verweisen. Insgesamt wäre es allerdings falsch, in der Binnenerzählung Irrationalem keine Bedeutung beizumessen. Das Vorhandensein beider Elemente macht einen der Vorzüge dieser Novelle aus.

10.3 Zusammenfassung

In der inneren Rahmenhandlung und in der Binnenerzählung der *Schimmelreiter*-Novelle spielt Übernatürliches eine Rolle. Theodor Storm zeigt dabei aber stets das Nebeneinander von Aberglauben und Rationalität, Spuk und Zweifel, Furcht vor Geheimnisvollem und rationale Erklärung. Von nicht geringer Bedeutung ist auch die Tatsache, daß der Dichter unterschiedlich vorgeht. In der Binnenhandlung nehmen irrationale Elemente im Verlaufe der Erzählung zu, im Rahmen wird Geheimnisvolles zurückgedrängt. In beiden Fällen setzt sich Storm mit dem Übernatürlichen auseinander. Hintergründiges, den Sinnen nicht Greifbares zu zeigen – das hielt der Verfasser für seine Pflicht, weil es eine Gegebenheit des menschlichen Lebens ist. Als moderner Mensch glaubte er wohl nicht an das Übernatürliche, und so stellte er z. B. Spukhaftes als meistens rational erklärbar hin. Allerdings bleibt zu einer Deutung viel Platz, denn Storms Gestaltung ist ambivalent.

Manches spricht für die Auffassung, der Dichter appelliere in seiner Novelle an den aufgeklärten Leser, das vermeintliche Unerklärliche nicht als Tatsache hinzunehmen, und er bringe zum Ausdruck, daß die in der Mitte des 18. Jahrhunderts lebenden Menschen stärker dem Irrationalen zuneigten als spätere Generationen; desgleichen läßt manches den Schluß zu, es gehöre nicht zu den Intentionen des Dichters, die Existenz von Übernatürlichem als gegeben hinzustellen. Roy C. Cowen weist mit Recht darauf hin, daß „die Relativierung des Dämonischen, Spukhaften, die durch des fortschrittlichen Schulmeisters Selbstidentifizierung mit Hauke Haien bewirkt wird“[69], ein besonderes Anliegen Storms sei.

Andererseits enthält die Novelle *Der Schimmelreiter* überzeugende Hinweise darauf, daß es Übernatürliches und Unerklärliches gibt. In diesem Zusammenhang sei noch einmal darauf hingewiesen, daß es Storm gelingt, die geheimnisvolle Existenz des Schimmelreiters durch das persönliche Erlebnis des unvoreingenommenen Reisenden als glaubwürdig erscheinen zu lassen. Zumindest zeigte der Dichter eindrucksvoll, daß den Sinnen nicht Faßbares das Fühlen, Denken und Handeln vieler Menschen zu beeinflussen vermag.

11 Wirkungsgeschichte

11.1 Zur Verbreitung der letzten Novelle Storms und zu Tendenzen der Storm-Rezeption (Überblick)

Vom Lesepublikum wurde *Der Schimmelreiter* nur langsam aufgenommen. Als Beleg dafür möge die Tatsache dienen, daß vom Erstdruck in der *Deutschen Rundschau* (1888), von der ersten Buch-Ausgabe (1888) und von der Veröffentlichung in den *Gesammelten Schriften* (1889) drei Jahrzehnte bis zum Neudruck des Werkes (1919) vergingen. Damit teilt diese Novelle das Schicksal der meisten anderen Erzählungen Storms, die schleppend abgesetzt wurden (1899 waren z. B. erst 3100 Exemplare der *Gesammelten Schriften* aus dem Jahre 1889 verkauft). Massenhafte Verbreitung fand das Werk Theodor Storms erst dann, als die geltende Schutzfrist abgelaufen war (1917) und damit preisgünstigere Ausgaben angeboten werden konnten.

Ursachen für die zögernde Aufnahme der letzten Novelle des Husumers sind nicht eindeutig zu erkennen. Zum einen wirkten negative Einschätzungen der Werke Storms mit. Erich Schmidt schrieb schon acht Jahre vor dem Erscheinen der Novelle *Der Schimmelreiter* in der *Deutschen Rundschau*, Storms Dichtung sei „deutsch gemütlich" und „Poesie des Hauses", der Husumer wolle „rühren, nicht erschüttern"[70]. Hier wurde Storms Schaffen verharmlost. Auf den ersten Blick war in der Tat nicht zu übersehen, daß der Dichter nur begrenzte Handlungsräume bot und damit „provinziell" zu wirken vermochte. Man konnte überdies darauf verweisen, daß er vor allem Probleme des Bürgertums behandelte. Storm wirkte, das vermag man heute zu sagen, oft unzeitgemäß, weil er das Lesepublikum eines aufstrebenden Industriestaates in seinem Werk in agrarisch bestimmte Räume führte. Zum anderen wirkte sich ein veränderter Heimatbegriff außerordentlich negativ aus.

Mit der Heimatkunstbewegung, die um die Jahrhundertwende als Gegenströmung zum Naturalismus entstand, entdeckte man die ländliche Idylle neu. Im Georg-Westermann-Verlag erschienen 1904 und 1912 mit Heidemotiven geschmückte Storm-Ausgaben.

Diese im Grunde erfreuliche Entwicklung war gleichzeitig aber der Ausgangspunkt für Mißverständnisse und Fehldeutungen. 1907 schrieb Eduard Engels:

> Storms Erzähldichtung ist durchaus deutsch. Einem Franzosen, der wissen möchte, was deutsches Wesen sei, könnte man sagen: lies Storms sämtliche Novellen nach einander; dann weißt du es. Das Leben des deutschen Hauses, gleichviel ob im Schloß, in der Stadt, auf dem Lande, dazu der deutsche Wald, das Meer an Deutschlands Küsten – das sind Storms Schauplätze. Keine seiner Novellen spielt durchweg im Auslande, wenn sich auch in einigen aus der Heimat Fäden übers Meer hinüberspinnen.[71]

Ein verengter Heimatbegriff wurde in zunehmendem Maße auf Storms Werk übertragen. Als Beispiel diene auch eine Textstelle aus dem 1917 von Friedrich Düsel herausgegebenen *Gedenkbuch zu des Dichters hundertstem Geburtstag*. Sie lautet: Storms „Gegenwartsbedeutung [...] liegt in der Heimatliebe und Heimattreue, in der seine Persönlichkeit wurzelt; sie liegt in der deutschnationalen Gesinnung, von der seine Dichtung erfüllt ist; sie liegt in den Kräften tapferer, aufrechter Mannhaftigkeit, die zumal in den späteren Schöpfungen den Pulsschlag seines Wesens ausmachen."[72]

Der Weg zur Blut- und Boden-Ideologie des „Dritten Reiches" war von hier nicht mehr weit. Dementsprechend wurde Storms Bild von 1933 bis 1945 gründlich verzerrt und einseitig ausgewertet. – Nach dem Zweiten Weltkrieg wandte man sich Theodor Storms Werk, das in der Zeit der Herrschaft der Nationalsozialisten manche Umdeutung erfuhr, im Rahmen der wissenschaftlichen Analyse ernsthaft zu. Gleichzeitig fanden Storms Novellen eine weite Verbreitung. Von 1945 bis 1966 wurden im Gebiet der 1949 gegründeten Bundesrepublik Deutschland 5,6 Millionen Storm-Bände verkauft, außerdem 2 bis 3 Millionen Exemplare in Schulausgaben.[73] Im Bereich der heutigen DDR wurden im gleichen Zeitraum etwa 2 Millionen Bände abgesetzt. Auch im Ausland stieß Storms Schaffen auf Interesse; in mehr als 30 Staaten wurden Bücher dieses Autors veröffentlicht. So entstand nun auch eine internationale Storm-Forschung. Der aus Husum stammende Verfasser wurde zum meistgelesenen Dichter der zweiten Hälfte des 19. Jahrhunderts.

Die wissenschaftliche Analyse nahm einen erfreulichen Aufschwung. Nicht immer gelang dabei aber Überzeugendes. Ein Beispiel ist Franz Stuckerts Monographie *Theodor Storm. Sein Leben und seine Welt*, in der er vom „Rätsel der Existenz" und von „Ergebungen in die Ordnungen der Natur" spricht[74]. Fritz Lockemann preßte in seinem Buch *Gestalt und Wandlungen der deutschen Novelle* Storms Erzählungen in das Schema „Ordnung und Chaos"[75]. Josef Kunz meinte in seiner Abhandlung *Geschichte der deutschen Novelle vom 18. Jahrhundert bis auf die Gegenwart* Storm sei geprägt durch „das mythische Erbe der Landschaft"; diese habe ihn so stark in ihren Bann geschlagen, daß es ihm nicht möglich gewesen sei, „die geschichtliche Problematik auszutragen und sinnvoll zu gestalten"[76]. Hier ist etwas von dem zu spüren, was Peter Goldammer, der Herausgeber der *Sämtlichen Werke in vier Bänden* (^{1}1956), und auch nach ihm Hartmut Vinçon in seinem Buch *Theodor Storm* (1973) die „Storm-Legende" nannten. Gemeint ist vor allem der Versuch, Storm nicht in seiner Zeitbezogenheit und aus seiner Epoche heraus zu interpretieren, sondern ihn auf vielfältige Weise mißzuverstehen und z. B. pseudoexistentialistisch oder ontologisierend zu deuten. Überraschend ist die Tatsache, daß der Ost-Berliner Herausgeber der Werke, Peter Goldammer, den Grund für eine werkgetreue Storm-Interpretation legte[77], während Hartmut Vinçon in seiner Storm-Monographie von 1972 und seinem Storm-Band von 1973 den Husumer erneut umzudeuten trachtete, dieses Mal aus eher marxistischer Sicht, indem er den Versuch unternahm, „diesen republikanischen Autor des mittleren Bürgertums, der nicht zuletzt gegen Adel, Kirche und Großbourgeoisie schrieb, gegen seine reaktionären Apologeten zu verteidigen", gleichzeitig aber „die Beschränktheit seiner immanenten Klassenkritik offenzulegen".[78]

Zu einer wichtigen Gestalt der Storm-Forschung wurde Karl Ernst Laage, der Sekretär der Storm-Gesellschaft (Husum), Herausgeber der *Schriften der Theodor-Storm-Gesellschaft* und Autor wichtiger Publikationen. Er bediente sich sowohl der Strukturanalyse wie der sozialgeschichtlichen Deutung und stellte die Forschung auf eine solide Basis. Der Grundlagenforschung diente auch Hans-Erich Teitges 1967 publizierte Storm-Bibliographie[79]. Theodor Storm und sein Werk konnten nach Jahrzehnten, die von Irrwegen nicht frei waren, neu gewürdigt werden.

11.2 Die „Schimmelreiter"-Rezeption im Kaiserreich

Im Freundeskreis Theodor Storms wurde die Novelle kurz nach ihrem Erscheinen mit großer Zustimmung aufgenommen. Paul Heyse schrieb seinem Kollegen am 2. Mai 1888: „Nur einen Glückwunsch, lieber Alter, zum *Schimmelreiter.* Ein gewaltiges Stück, das mich durch und durch geschüttelt, gerührt und erbaut hat"[80]. Die ersten zeitgenössischen Rezensionen erlebte der Dichter nicht mehr. Die Ausführungen boten in ihrer Wertung keineswegs nur Positives. Einhellig lobende Worte fand Moritz Necker (1857–1915) in der Zeitschrift *Die Grenzboten.* Er schrieb 1889 u. a.:

> Storms *Schimmelreiter*, der die Reihe seiner unvergänglichen Novellen als das bedeutendste Werk abschließt, ist eine nach jeder Richtung hin bewunderungswürdige Schöpfung. Sie ist zu bewundern von der technischen Seite wegen der kunstvollen Form, und sie ist es nicht weniger des Gehaltes wegen. Mit sparsamen Mitteln, geizend mit dem Worte, hat Storm auf engem Raume die reiche Lebensgeschichte eines hochstrebenden und kraftvollen Mannes dargestellt [...][81].

Wilhelm Brandes (1854–1928) verband Lob mit Tadel. Er schrieb in den *Blättern für literarische Unterhaltung* im Jahre 1888, *Der Schimmelreiter* sei eine der besten Novellen Storms; er erwähnte aber „das Bedenkliche der doppelten Verkapselung" und mißbilligte „das Element des Dämonischen"[82]. Im Unterschied zu Brandes lobte der Rezensent der *Deutschen Dichtung* 1891/92 die Wiedergabe des Gespenstischen, kam aber andererseits zu der Gesamtwertung, *Der Schimmelreiter* sei von geringerem Rang als *Ein Doppelgänger.* Er schrieb, Storms letzte Novelle könne „an Tiefe der Seelenergründung nicht an jene erschütternde Erzählung heranreichen", sei aber „künstlerisch wahrer"[83].

Insgesamt kann man sagen, daß die Zeitgenossen den wahren Wert der Novelle *Der Schimmelreiter* zumeist nicht in vollem Maße erkannten und daß es auch an der Breitenaufnahme fehlte. In der weitgehend an der Technik orientierten Gesellschaft der Gründerzeit mag Storms Hinweis auf menschliche Werte manchem als anachronistisch erschienen sein; oft blieb das große Alterswerk – wie sein Verfasser – unverstanden. Gerechterweise hätte man in ihm gerade in der Zeit des beginnenden Naturalismus einen Vertreter der Gegenströmung sehen müssen, der als Anwalt des Poetischen auch auf Phantastisches und nicht durchweg real Erklärbares hinwies.

Früh begann man auch, Storms letzte Novelle falsch zu interpretieren. Clara Lent stand mit Abhandlungen aus den Jahren 1898 und 1899 in der Zeitschrift *Die Frau* am Beginn einer Ideologisierung der *Schimmelreiter*-Erzählung.[84] Hauke Haien, auf dessen Schuld Storm eindeutig hingewiesen hatte, wurde zum Helden und zur Herrschernatur umfunktioniert, zum Gegenpol der herdenartigen Masse. Dieses Bild entsprach wohl gewissen Tendenzen des Wilhelminischen Zeitalters, war aber falsch. – Der Deichgraf als einsamer Held aus dem Norden: diese Deutung verstärkte und ergänzte Wilhelm Lobsien 1908 in einem Gedenkblatt zum 20. Todestag Storms. Er schrieb: „Der Kampf des Deichgrafen Hauke Haien um seinen Deich wächst zu einem Kampf eines großen, von allem Kleinlichen, Egoistischen losgelösten Mannes gegen den Stumpfsinn und beschränkte Habgier, um seiner Idee zum Siege zu verhelfen."[85]

Der Text der Novelle zeigt, daß Hauke Haiens Motive starke egoistische Wurzeln haben. Wer aber, im Sinne des Zeitgeistes, in ihm einen durch und durch edlen Helden sehen wollte, der mußte die entsprechenden Textstellen außer acht lassen, wie er auch anderes unterdrücken mußte, das nicht ins Bild paßte.

11.3 Deutungen nach dem Ersten Weltkrieg

Hauke Haien als Held der friesischen Heimat: dieser Gedanke war der Ausgangspunkt für die Tatsache, daß Storms Novelle als Schullektüre populär wurde.

Im Jahre 1920 erschien ein bereits 1917 fertiggestellter Aufsatz des Oberlehrers O. Rübmann mit dem Titel *Storms „Schimmelreiter" als Lesestoff im deutschen Unterricht*[86]. Ihm folgten etliche andere Arbeiten, die den *Schimmelreiter* ebenfalls als Schullektüre empfahlen, u. a. Aufsätze von Josef Freudenthaler und O. Götze[87].

Neben diesen ideologisch weitgehend unbedenklichen Veröffentlichungen gab es Aufsätze, die das von 1933 bis 1945 in Deutschland vorherrschende Bild mitprägten. Genannt seien hier die Abhandlungen von Franz Schnaß (1932) und E. Nissen (1937) über den *Schimmelreiter*[88], die dazu beitrugen, das Klischee des nordischen Führers zu prägen; diese Ideologisierung gipfelte in einem Aufsatz von H. Walter aus dem Jahre 1940[89], der eine gedankliche Verbindung der *Schimmelreiter*-Novelle mit dem vor einem Jahr ausgebrochenen Zweiten Weltkrieg herstellte. Eine wissenschaftliche Analyse der Erzählung wurde nur selten durchgeführt. Die Textgrundlage war im übrigen die von Albert Köster besorgte Ausgabe der Werke Storms in acht Bänden, die 1919/20 erschien.[90] Wolfgang Kayser würdigte 1938 Storms Schaffen zum 50. Todestag des Dichters. Sein Beitrag war nicht frei von Tendenzen der Zeit; so schrieb er u. a.: „Die Gestalten haben einen Kern in sich, der das Leben und Handeln bestimmt, der sie zu Persönlichkeiten macht. Dieser Kern ist nicht benennbar und dem Leser mitteilbar."[91] Hier wurde der Einzelmensch mystifiziert. Kayser rühmte die Ausnahmepersönlichkeit, die Führergestalt. – Dem in Deutschland vorherrschenden Geist der Zeit verhaftet war auch Franz Stuckerts Storm-Monographie aus dem Jahre 1940, in der man u. a. den Hinweis finden konnte, *Der Schimmelreiter* enthalte das Sinnbild „des Kampfeswillens, der Schöpferkraft des nordischen Menschen"[92]. – Zu den Untersuchungen, die in diesem Zeitraum viel Wertvolles erbrachten, gehört dagegen eine Abhandlung von Maria Woesler über die Rahmenstruktur der Novelle *Der Schimmelreiter*.[93] Im übrigen war eine objektive Analyse während des „Dritten Reiches" mit seiner Blut- und Boden-Ideologie offenbar schwierig.

11.4
„Der Schimmelreiter" nach 1945

Theodor Storms letzte Novelle fand – wie schon im Vorwort erwähnt – nach dem Zweiten Weltkrieg eine weite Verbreitung, besonders in der Bundesrepublik Deutschland. Impulse für die wissenschaftliche Beschäftigung mit der bekannten Erzählung kamen aber vom Ausland. Der in der USA lebende Germanist Walter Silz publizierte 1946 seine Abhandlung *Theodor Storm's Schimmelreiter*[94]. 1955 erschien die deutsche Übersetzung. In ihr kann man eine Deutung finden, die geeignet ist, Storms letzte Novelle in die Nähe Goethes zu rücken: „Es besteht eine gewisse Ähnlichkeit zwischen Hauke und dem Faust des zweiten Teils. Auch Hauke nimmt den Kampf mit dem Meere auf und entreißt ihm Land, wobei ihm der Teufel angeblich hilft – obgleich Hauke tatsächlich, wie der bejahrte Faust es wollte, vor der Natur stand „ein Mann allein" [...]"[95]. Ernst Loeb griff in einem 1963 in den USA veröffentlichten Aufsatz Aspekte dieser Deutung auf und setzte sie fort. Er schrieb:

> Storms *Schimmelreiter* als eine in spätere Zeit projizierte, um ein halbes Jahrhundert hinausgeschobene „Faust"-Thematik! Dabei ist es nur natürlich, daß die äußeren Dimensionen – auch der Faustgestalt selbst – „zeitgemäße" Einbußen erleiden mußten. Aber eben nur die äußeren Dimensionen, nicht die eigentlichen Konturen dieser Gestalt, die auch dann deutlich bleiben, wenn Hauke Haiens Wissens- und Erfahrensdrang nicht auf Wesen und inneren Zusammenhang der Welt, sondern eben nur s e i n e r Welt gerichtet, seine Erlebnissphäre statt der „groß und kleinen Welt" auf jene kleinste Welt eines friesischen Dorfes beschränkt bleibt. [...][96]

Die deutsche Forschung ging zunächst bescheidenere Wege. Es wurde versucht, quellenkundliche Studien zu treiben und Fakten herauszuarbeiten. Karl Hoppe gelang es 1949, die wichtigste Anregung Storms im 2. Band des Jahrgangs 1838 der von Pappe in Hamburg edierten *Lesefrüchte* zu entdecken.[97] Felix Schmeißer legte 1952 überzeugend dar, welche Schauplätze *Der Schimmelreiter* wiedergibt.[98]

Neben diesen Arbeiten mit sachkundlichen Gesichtspunkten waren Deutungsansätze selten. Neue Anstöße in der deutschen Forschung kamen aus dem Bereich der DDR bzw. aus Berlin (Ost). Peter Goldammer griff die soziale Problematik auf. Er schrieb in seiner Einleitung zu Theodor Storms *Sämtlichen Werken* 1956:

> Man hat in der „Schimmelreiter"-Novelle oft bloß das tragische Scheitern des Menschen im vergeblichen Kampf gegen die Gewalt der Natur dargestellt und versinnbildlicht sehen wollen. Dabei übersah man, wie genau auch hier Storm menschliche Konflikte gestaltet und ihre gesellschaftlichen Ursachen sichtbar gemacht hat. [...] Der Deichgraf Hauke Haien scheitert nicht an der Gewalt der Natur – sein Deich wird noch nach hundert Jahren den Fluten Trotz bieten –, sondern an seiner Vereinsamung. Sein tragischer Untergang ist durch den Widerstand derer bedingt, die seine Verbündeten bei dem gewaltigen Deichbau hätten sein müssen, unter den obwaltenden Verhältnissen aber nicht sein konnten. [...][99]

Im Bereich der Bundesrepublik Deutschland führte vor allem Jost Hermand solche Gedanken fort. Er betonte in einem Aufsatz von 1965 sozialkritische Aspekte. Hermand sah Hauke Haien als „gründerzeitlichen Übermenschen“, von Storm allerdings nicht heroisiert, sondern unter bürgerlich-moralischen Aspekten betrachtet: „Daher zieht sich durch die ganze Novelle ein untergründiges Zwiegespräch, das immer wieder in eine offene Frage mündet, nämlich die Frage nach der moralischen Bewertung des Übermenschen“[100]. Weitere Deutungen dieser Art, die zeitgeschichtliche Aspekte mit einbezogen und Storms Schreibsituation konkreter berücksichtigen, ließen dann lange auf sich warten. Ein Beispiel für Interpretationen, die eher überholte Gedanken aufgriffen, ist Wolfgang Heybeys Deutung aus dem Jahre 1969.[101] Heybey betonte insbesondere die Rolle des Schicksals und des Tragischen im Leben eines großen Einzelmenschen.

Erst in den 70er Jahren wurde die Forschung neu belebt. 1970 veröffentlichte Karl Ernst Laage eine Ausgabe der Novelle mit wichtigen informativen Texten.[102] Laage war es auch, der 1979 in der Kieler Universitätsbibliothek auf den ursprünglichen Schluß der *Schimmelreiter*-Erzählung stieß.[103] – Reimer Kay Holander publizierte 1976 mit seinem Buch über *Theodor Storm: Der Schimmelreiter. Kommentar und Dokumentation*[104] zusätzliche wesentliche Grundlagen für die weitere Erforschung des Werkes. Im selben Jahr bot Hans Wagener in einem kleinen Buch wichtige Erläuterungen und Dokumente[105]; diese Publikation bleibt – trotz einiger Lücken im Bereich der Rezeptionszeugnisse – von Bedeutung.

Den geschichtsbewußten und sozialkritischen Ansatz führte Hartmut Vinçon konsequent fort, zunächst in einer Monographie (1972), dann in einer Veröffentlichung der Reihe *Realien zur Literatur* (1973) und schließlich im Nachwort zu einer neuen Textausgabe der Novelle (1979).[106] Vinçons Haltung stieß auf Lob und Kritik. So schrieb Winfried Freund 1984:

> Zu unterstreichen ist sicherlich die entmystifizierende Tendenz der Deutung, der Rekurs auf menschliche und gesellschaftliche Antriebsquellen und auf die konkrete Geschichtssituation. Fragwürdig sind jedoch die exemplarisch verallgemeinernde, entindividualisierende Betrachtungsweise, da sie das personale Geschichtsverständnis Storms verkennt, und die aufgesetzt wirkende Gewaltdiskussion[107].

Freund selbst bot in seinem Buch *Theodor Storm: Der Schimmelreiter. Glanz und Elend des Bürgers* eine Deutung, die verschiedene Aspekte aufgriff, eine kritische Auswahl traf und Wesentliches darbot. Er berücksichtigte auch den heimatgeschichtlichen Gesichtspunkt, den zwei Jahre vorher, 1982, Paul Barz mit seinem Buch *Der wahre Schimmelreiter*[108] in den Mittelpunkt einer ausführlichen Analyse gestellt hatte.

Das neueste Buch über Storms letzte Novelle stammt von Walter Zimorski und erschien 1986.[109] Es dokumentiert das gleichbleibende Interesse an Interpretationshilfen, läßt dem Benutzer im übrigen aber mehr Freiheit in der Auswahl als die zur Nachahmung anregenden *Stundenblätter* zum *Schimmelreiter* von Gesine Jaugey aus dem Jahre 1978[110].

Das Nebeneinander von Publikationen der germanistischen Literaturwissenschaft und eher lehrpraktisch orientierter Veröffentlichungen spiegelt gegenwärtige Schwierigkeiten wider, die zuletzt auf dem Germanistentag 1987 in Berlin deutlich wurden. Eine alle überzeugende *Schimmelreiter*-Untersuchung, wissenschaftliche Interpretation und Unterrichtshilfe in einem, kann es angesichts verschiedenartiger Zielsetzungen nicht geben.

11.5 Verfilmungen

Der dramatische Stoff der Novelle und die Popularität des Werkes führten zu einigen Verfilmungen.

Berühmt ist bis zum heutigen Tag Curt Oertels Verfilmung aus den Jahren 1933/34 mit Mathias Wiemann, Marianne Hoppe und Eduard von Winterstein in den Hauptrollen. Der gekonnt inszenierte Film erhielt das Prädikat „Künstlerisch und besonders wertvoll". Schon 1934 erschien ein Buch mit 96 ganzseitigen Fotos.[111] Die Kritiken waren zumeist voller Begeisterung. In der Tat kam der Film dem Zeitgeist zumindest darin nahe, daß er einen einsamen, kämpferischen Anführer zeigt, der demagogisch zu mehr Gemeinschaftssinn aufruft. So führte man Schulklassen, die das Werk unbedingt sehen sollten, geschlossen ins Kino. Die Beliebtheit des *Schimmelreiter*-Filmes bei den seit 1933 in Deutschland Herrschenden und gewisse Tendenzen führten nach 1945 zu dem Vorwurf, Curt Oertel habe den Nationalsozialisten eine Art

Propagandafilm geliefert[112]. Diese Kritik ist jedoch übertrieben. Die künstlerische Qualität des Filmes blieb von ideologischen Verfälschungen unbeeinträchtigt. Bis heute wird das Werk immer wieder vorgeführt, auch im Fernsehen[113]; es überzeugt durch Darstellungskunst und dramatische Gestaltung.

Nach dem Zweiten Weltkrieg wurde der Schimmelreiter-Stoff noch zweimal verfilmt. 1978 entstand der Farbfilm *Der Schimmelreiter*. Regie führte Alfred Weidenmann, der auch das Drehbuch geschrieben hatte. Es spielten John Philipp Law und Anita Ekberg als Hauke Haien und Elke sowie Gert Fröbe als alter Deichgraf. Weidenmann gestaltete, wie der Cowboy-Darsteller John Philipp Law, der unentwegt zu Pferde den Deich entlangjagt, in der Hauptrolle zeigt, einen spannenden Abenteuerfilm mit vielen wirksamen Szenen und klischeehaft angelegten Rollen (z. B. Ole Peters als finsterer Bösewicht; Vollina als dunkle, verführerische Schönheit; Elke als mädchenhafte Blondine). Weidenmanns Farbfilm von 1978 kann sich künstlerisch in keiner Hinsicht mit der Schwarzweißverfilmung von 1934 messen.

Die jüngste Kino-Version des Stoffes entstand 1983/84 als Fernsehfilm in Co-Produktion zwischen der DDR und der VR Polen. Die Außenaufnahmen entstanden im Gebiet der Weichselmündung. Regie führte Klaus Gendries. Das Drehbuch schrieb Gerhard Rentzsch. In den Hauptrollen spielten Sylvester Groth (Hauke Haien), Jolanta Grusznic (Elke Volkerts) und Günter Lotze (alter Deichgraf). Auch diese Verfilmung wurde schon mehrfach im Fernsehen gezeigt[114] – in beiden Teilen Deutschlands. Klaus Gendries und der Drehbuchautor Gerhard Rentzsch vereinfachten zwar die Handlung, indem sie Wichtiges aussparten (z. B. die Wienke-Handlung), und setzten stärker auf Aktion denn auf das Nachdenken Anregendes, doch entstand ein beachtenswerter Film; er fand – im Unterschied zu Weidenmanns Version von 1978 – bei Kritik und Publikum viel Zustimmung. Nach der Uraufführung schrieb die „Leipziger Volkszeitung“: „Ein Film, der in strengen, schönen Bildern erzählt“[115]. Für den Informierten war es besonders reizvoll, daß die Außenaufnahmen dort entstanden waren, wo die Sage vom Schimmelreiter herstammt: *Der gespenstige Reiter* war im Gebiet der unteren Weichsel angesiedelt.

Unterrichtshilfen

1
Didaktische Aspekte

Die Textsorte „Novelle" gehört zu den schwierigen Aufgaben des Deutschunterrichts. Die Lektüre verspricht erst dann einen zufriedenstellenden Erfolg, wenn es den Schülern aufgrund ihres Alters möglich ist, die kunstvolle Form zu erfassen und die Gestalt mit dem Gehalt in Verbindung zu setzen. Als Konsequenz ergibt sich, daß man eine Klasse nicht zu früh mit der Gattung „Novelle" vertraut machen sollte. Dafür sprechen im übrigen auch inhaltliche Gründe. Keine der bedeutenden Novellen ist für junge Menschen geschrieben, sondern für Erwachsene; deshalb muß der Lehrer äußerst behutsam vorgehen und Werke auswählen, die vom Inhalt her für Schüler einigermaßen geeignet sind. Jugendpsychologische Gesichtspunkte sollten bei der Auswahl eine wichtige Rolle spielen. Vor Verfrühungen ist, wie bereits erwähnt, dringend zu warnen. Erst in der 7. Jahrgangsstufe sollte man mit der Novellenlektüre beginnen. Wenn das Interesse am Wesen des Menschen und an seinem Handeln stärker wird und auch Formprobleme der Dichtkunst bewältigt werden können, ist es angezeigt, sich der Novelle zuzuwenden.

Das 19. Jahrhundert brachte die meisten bedeutenden Novellen hervor, die Formstrenge mit einem interessanten Inhalt verbinden. Deshalb ist es nicht erstaunlich, daß gerade Novellen aus dem vergangenen Jahrhundert besonders am Gymnasium seit langem in den Lektüreplänen ihren festen Platz haben. Doris Marquardt legte überzeugend dar, daß diese Beschäftigung auch heute noch sinnvoll ist:

> In den Texten des 19. Jahrhunderts dokumentiert sich eine Vergangenheit, die heutigem Verständnis noch nahe genug steht, um unmittelbar zu interessieren, und fern genug, um historische Veränderungen in der Problemstellung und -lösung zu erkennen zu geben. Auseinandersetzung mit der Vergangenheit und Wendung zur Gegenwart sind gleichermaßen gewährleistet.[117]

Walter Seifert stellte ergänzend eine Verbindung des Stofflichen mit dem Formalen her:

> „Unerhörte Ereignisse" selbst in der Form von Katastrophen wie bei Kleist oder der Droste-Hülshoff werden für den Schüler sowohl durch die strenge Formung als auch durch den Rahmen, Erzähler und die historische Distanz in ihrer Wirkung gebrochen, was die Auseinandersetzung mit menschlichen und gesellschaftlichen Extremsituationen erleichtert, deren Aktualität angesichts der Katastrophen unseres Jahrhunderts fraglos ist."[117]

Erfahrene Deutschlehrer können sich einer solchen Feststellung gerne anschließen. Sie kennen auch etliche Beispiele von Novellen des 19. Jahrhunderts, deren Durchnahme im Unterricht bereichernd ist. In der

7. Jahrgangsstufe sind *Kleider machen Leute* (G. Keller), *Der Schuß von der Kanzel* (C. F. Meyer) und *Pole Poppenspäler* (Th. Storm) geeignet, in der 8. Jahrgangsstufe *Die schwarze Galeere* (W. Raabe), *Die schwarze Spinne* (J. Gotthelf) und *Meister Martin der Küfer und seine Gesellen* (E. T. A. Hoffmann), in der 9. Jahrgangsstufe *Das Fräulein von Scuderi* (E. T. A. Hoffman), *Die Judenbuche* (A. v. Droste-Hülshoff) und *Unterm Birnbaum* (Th. Fontane), in der 10. Jahrgangsstufe *Aus dem Leben eines Taugenichts* (J. v. Eichendorff), *Romeo und Julia auf dem Dorfe* (G. Keller) und *Bahnwärter Thiel* (G. Hauptmann). In der 11. Jahrganggstufe kann man dann eine schwierigere Novelle auswählen, z. B. *Der Heilige* (C. F. Meyer), *Michael Kohlhaas* (H. v. Kleist) u. a. Wenn man die für eine Klasse am meisten geeignete Novelle gefunden hat (viele Lehrpläne sind dabei gute Ratgeber) und bei der Suche nach einem Zugang zu dem Werk erfolgreich gewesen ist, dann kann für aufgeschlossene Schüler die Lektüre zu einer äußerst reizvollen Aufgabe werden.

Theodor Storms *Schimmelreiter* gehört seit Jahrzehnten zu den Novellen des 19. Jahrhunderts, die im Deutschunterricht durchgenommen werden. Storms letzte abgeschlossene Erzählung wurde von seiten der Lehrer in so starkem Maße herangezogen, daß sie zu einer Art *Pflichtlektüre*, z. B. in der Mittelstufe des Gymnasiums, wurde. Es ist hier nicht der Ort, auf die Gründe einzugehen; sicher ist, daß man den *Schimmelreiter* aus formalen und inhaltlichen Gründen für besonders geeignet hielt und diese Novelle als des Dichters reifstes Werk den Schülern vor Augen führen wollte, zusammen mit Hinweisen auf den bedeutenden Verfasser. Dieses gleichsam zwangsweise Lesen einer Erzählung, gestützt auf einen Hinweis bezüglich der Wichtigkeit, ist nicht zu empfehlen, da es unnötigerweise Hindernisse aufbaut. Besser ist es dagegen, sich dann mit Storms Novelle zu befassen, wenn man der Auffassung ist, eine Klasse sei daran interessiert und der – gar nicht so einfachen – Lektüre auch gewachsen.

Der Schimmelreiter ist wegen seiner Eignung und Bedeutung seit langem ein fester Bestandteil der Lehrpläne. Als Beispiel sei die in Bayern zur Zeit gültige Anregung angeführt! Storms *Schimmelreiter* wird – als unverbindlicher Lektürevorschlag – im *Lehrplan für das bayerische Gymnasium. Fachlehrplan für Deutsch* für die Jahrgangsstufe 8 genannt.[118] Im Rahmen des Lernbereichs „Literatur und Sachtexte, Medien“ fordert der Lehrplan: „Die Behandlung von Novellen, Erzählungen und Kurzgeschichten soll den Schülern weitere Themen und literarische Formen der als anspruchsvoll anerkannten Literatur zugänglich machen.“[119] Er verweist auf „Beispiele von Erzählern des 19. und 20. Jahrhunderts“[120] und schlägt unter der Überschrift „Unheimliches und Phantastisches“[121] u.a. Novellen des 19. Jahrhunderts vor, darunter Storms letztes Werk. Diese Anregung durch den Lehrplan kann man akzeptieren, denn *Der Schimmelreiter* ist in der 8. Klasse als Lektüre durchaus geeignet. Im übrigen muß man darauf hinweisen, daß Anregungen durch derzeit gültige Lehrpläne nicht immer vor falschen Lektüre-Entscheidungen schützen. Zum einen bestehen große Unterschiede von Klasse zu Klasse, zum anderen sind selbst sorgfältig erstellte Lehrpläne nicht frei von Verfrühungen. – In diesem Zusammenhang sollte man darauf hinweisen, daß man den *Schimmelreiter* keineswegs vor der 8. Jahrgangsstufe als Lektüre heranziehen darf, da er sonst nicht voll erschlossen werden kann. Wegen der zunehmenden geistigen Reife der Schüler wäre die 9. Klasse erheblich geeigneter als die 8. Jahrgangsstufe; dem trug der bisherige Deutsch-Lehrplan für das bayerische Gymnasium Rechnung.[122] Keine Bedenken sind selbstverständlich anzumelden, wenn man – sofern es der jeweilige Lehrplan zuläßt – erst in der 10. Klasse Storms *Schimmelreiter* als Lektüre wählt. Ein Blick in den bisherigen bayerischen „Curricularen Lehrplan für Deutsch in der Jahrgangsstufe 10 des Gymnasiums" zeigt allerdings eine gewisse Gefahr auf. Das Lernziel 2.3 lautete: „Fähigkeit, anhand literarischer Texte Gestalten zu charakterisieren bzw. Probleme zu erörtern"[123]. Zweifellos legt gerade Storms *Schimmelreiter* den Gedanken nahe, ihn für die literarische Charakteristik heranzuziehen. Hier ist allerdings Vorsicht geboten. Bei einem einseitigen Vorgehen könnten die Schüler meinen, die Novelle sei eigens für die Charakteristik durchgenommen worden. Die Analyse der Novelle sollte auf jeden Fall im Vordergrund der Arbeit stehen. Besonders die inhaltliche Erschließung ist für junge Menschen noch immer reizvoll. In einer Zeit, in der die Wertorientierung im Literaturunterricht eine zunehmende Bedeutung erlangt, dürften Fragen des menschlichen Verhaltens eine herausragende Rolle spielen. Auf diesem Gebiet hat *Der Schimmelreiter* unseren Schülern durchaus noch etwas zu sagen. Die heutige Bedeutung der *Schimmelreiter*-Novelle für junge Menschen kann beachtlich sein, wenn es der Lehrer versteht, bei der Analyse der Novelle wichtige Themen anzusprechen, die von gleichbleibender Bedeutung sind, z. B. die Problematik des menschlichen Miteinanders, das Verhältnis des einzelnen zur Gemeinschaft und das mögliche Scheitern des Menschen vor Naturgewalten. Wichtig ist bei der Interpretation allerdings, daß aktuelle Gesichtspunkte zwar der Motivation und der Abrundung dienen sollen, die Deutung selbst aber werkgetreu geschehen muß. Der verantwortungsvolle Deutschlehrer wird darauf aber ohnehin bedacht sein und pädagogisches Geschick mit Verantwortung dem Werk gegenüber verbinden.

2
Methodische Überlegungen

Jede Beschäftigung mit einer umfangreicheren Ganzschrift wirft grundsätzliche Fragen bezüglich der Textbegegnung durch die Schüler auf. Zunächst muß sich der Deutschlehrer überlegen, ob er sich für die häusliche

Lektüre oder für das fortlaufende Lesen im Unterricht entscheidet. Früher war es oft üblich, der abschnittsweisen Lektüre im Unterricht den Vorzug zu geben. Seit langem gilt dieses Vorgehen wegen vieler Nachteile als überholt. Das wichtigste Gegenargument ist wohl die Tatsache, daß die Schüler beim fortlaufenden Lesen keinen Überblick über das Ganze haben und somit Details nicht einordnen können. Außerdem ist die Beschäftigung mit Problemkreisen und mit einzelnen Gestalten der Dichtung nicht oder nicht in hinreichendem Maße möglich. So wird man sich aus gutem Grund für die häusliche Lektüre entscheiden und den Schülern dafür maximal 14 Tage Zeit geben. Dabei ist das freie häusliche Lesen dem gelenkten vorzuziehen, da es zum einen individuellen Gewohnheiten entgegenkommt und zum anderen den Blick auf das Ganze nicht erschwert. Selbstverständlich setzt die freie häusliche Lektüre zweierlei voraus. Vor dem Lesen sollte der Lehrer eine kurze Hinführung bieten, und nach Ablauf des gesetzten Zeitraumes muß er durch breitgestreute und gezielte mündliche Fragen feststellen, ob die Klasse seinem Arbeitsauftrag wirklich nachgekommen ist. – Nach der häuslichen Lektüre muß die Entscheidung darüber fallen, ob man bei der Analyse chronologisch vorgehen oder die Besprechung nach Problemkreisen durchführen soll. Moderner und effektiver ist der zweite Weg. Er setzt allerdings voraus, daß der Inhalt der Ganzschrift wirklich allen vertraut ist. Zur Auffrischung des zu Hause Angeeigneten wird der Lehrer einige Male bis zur nächsten Unterrichtsstunde kleine Leseaufträge erteilen.

Die Planung einer Unterrichtssequenz über Storms *Schimmelreiter* geht über die Sicherstellung der häuslichen Lektüre – sie erfordert im übrigen eine einheitliche Textausgabe – weit hinaus. Ferner ist es der Sache und den Schülern dienlich, wenn sich der Lehrer im Hinblick auf Sekundärliteratur weitgehend frei entscheidet und nur einige Anregungen aufgreift. Die in dem vorliegenden Buch wiedergegebene Analyse ist so angelegt, daß sich jeder Unterrichtende daran orientieren kann, ohne irgendwie in seinen persönlichen Entscheidungen eingeengt zu werden. Ihm ist es leicht möglich, den Stundenvorschlägen, einzelnen Buchabschnitten und dem Anhang Geeignetes zu entnehmen – ganz nach Bedarf und individuellen Vorstellungen; ihm wird nichts Vorgefertigtes als unmittelbar verwendbar angeboten. Die intensive persönliche Vorbereitung ist von großer Bedeutung. – Auch der Medieneinsatz sollte vor Beginn des Unterrichts gut überlegt werden. Der Einsatz der bewährten Wandtafel ist durchaus angebracht, wenn man z. B. gemeinsam etwas erarbeitet. Will man Strukturen verdeutlichen oder rascher informieren, so ist ein Overheadprojektor zweifelsohne wirksamer. Dementsprechend wird man auf Heftnotizen nicht verzichten, aber gelegentlich auch – mit den Folien identische – Arbeitsblätter verwenden. – Schwieriger ist die Frage, welche Rolle der Diaprojektor sowie Film- und Videogerät spielen sollen.

Grundsätzlich ist ein sparsamer Einsatz zu empfehlen, weil viele unserer heutigen Schüler ohnehin visuell übersättigt sind. Andererseits hält man den Deutschlehrer für unmodern, wenn er gänzlich auf das Bild verzichtet, und ergänzend muß man sagen, daß Visuelles auch stark motivierend wirken kann. Zu empfehlen ist es, sich bei den offiziellen Bildstellen Diapositive über Theodor Storms Leben und Werk auszuleihen und sie zu Beginn der Unterrichtssequenz einzusetzen. Den krönenden Abschluß der Sequenz könnte die Vorführung einer der drei vorhandenen *Schimmelreiter*-Verfilmungen sein. Dabei wird man den Mitschnitt einer Fernsehsendung heranziehen müssen, weil es – wenn die entsprechenden Recherchen stimmen – keine 16 mm-Version von einer der Verfilmungen gibt, der Einsatz des Schul-Tonfilmprojektors also nicht in Frage kommt. Bei der Verwendung einer Video-Aufnahme im Unterricht sind allerdings die rechtlichen Vorschriften zu beachten. ARD und ZDF gestatten die private Aufzeichnung und Verwendung, nicht aber öffentliche Vorführungen. Um Schwierigkeiten zu entgehen, sollte man sich an eine offizielle Bildstelle oder an einen Filmdienst wenden; ihr Angebot kann ohne Bedenken herangezogen werden. – Beeindruckender als das Ansehen einer Video-Aufnahme vom *Schimmelreiter* wäre der Besuch des Films im Kino. Vor allem der berühmte Film aus dem Jahre 1934 (Regie: Curt Oertel) wird gelegentlich im Kino gezeigt. – Vor Beginn der Unterrichtsreihe sollte auch geklärt werden, wie das Verhältnis zwischen Lehrervortrag und Schülerbeiträgen aussehen soll. Der Lehrer muß sich darüber im klaren sein, daß er seine Schüler nur dann nachhaltig aktivieren kann, wenn er sich selbst so stark wie möglich zurückhält. Der Lehrervortrag sollte nur wichtigen Informationen vorbehalten sein. Im übrigen muß sich der Unterrichtende darauf beschränken, dem Unterrichtsgespräch neue Impulse zu geben und es geschickt zu leiten. Die Aktivität der Schüler kann durch das Lesen von kurzen Textstellen, durch Informationen über den Inhalt und vor allem durch kurze Referate erhöht werden.

Im Rahmen der Unterrichtssequenz über Storms *Schimmelreiter* ist Abwechslung auf methodischem Gebiet nötig und leicht möglich. Vom Methodenwechsel sollte der Lehrer natürlich auch in den Einzelstunden regen Gebrauch machen. Dabei geht es nicht darum, Gleichartiges um jeden Preis zu vermeiden. Vielmehr sollte man sich von dem Gedanken leiten lassen, daß es für jeden Abschnitt einer gut konzipierten Stunde eine Unterrichtsmethode ergibt, die einen besonderen Erfolg verspricht bzw. bei den Schülern gut ankommt. Die folgenden Vorschläge für eine Unterrichtssequenz enthalten diesbezügliche Hinweise, die auf eigenen Unterrichtserfahrungen beruhen; jeder Unterrichtende wird verantwortungsbewußt prüfen, ob die Anregung für ihn persönlich und für seine Schüler geeignet ist.

3
Unterrichtssequenz

Die folgende Sequenz umfaßt zehn Einzelstunden. Mehr ist in den meisten Fällen wegen der sehr beschränkten Wochenstundenzahl im Fach Deutsch nicht möglich.
Die Themen der Einzelstunden lauten:

1. Theodor Storm – Leben und Werk
2. Die Entstehung der Novelle *Der Schimmelreiter* / Anregung – Quellen – Arbeitsprozeß
3. Der Inhalt der Novelle (Überblick) / Elemente der Textsorte „Novelle“
4. Der Aufbau
5. Hauke Haien – Werden, Wesen, Wirkung
6. Wichtige andere Personen der Novelle
7. Mensch und Natur
8. Realistische und übernatürliche Elemente
9. Erzählsituation und sprachliche Gestaltung
10. Aufnahme und Deutung der letzten Novelle Storms

Eine zusätzliche Stunde sollte, falls Zeit vorhanden ist, der Charakterisierung Hauke Haiens gewidmet sein.
Zum Abschluß der Sequenz kann eine *Schimmelreiter*-Verfilmung vorgeführt werden (Video-Aufnahme); da eine Aussprache unerläßlich ist, müßten drei zusätzliche Unterrichtsstunden angesetzt werden.

Vorschlag für eine Unterrichtssequenz in der 9. oder 10. Jahrgangsstufe (10 Unterrichtsstunden)

1. Stunde

Gegenstand/ Didaktischer Aspekt	Einblick in Theodor Storms Leben und Werk
Unterrichts-verlauf	1. Storms Leben (1817–1888) bis 1880 — Jugendzeit und Studienjahre (1817–1842) — Rechtsanwalt in Husum (1843–1853) — Emigrationszeit (1853–1864) — Landvogt und Richter in Husum (1864–1880) 2. Storms letzte Lebens- und Schaffensphase (1880–1888) 3. Zur Thematik der Novellen, die in Hademarschen entstanden

Methodische Hilfen/ Impulse	— (1) als Schülerreferate (Vorbereitungszeit: eine Woche vor Beginn der Unterrichtssequenz) — (2) als Lehrervortrag — (3) als Unterrichtsgespräch mit Hilfe der Zeit- und Werktafeln (vgl. Anhang) und mit ergänzenden Informationen durch den Lehrer
Hausaufgaben	— Welchen Einfluß hatten politische Ereignisse auf Storms Leben? — Welche Themen sind besonders kennzeichnend für Storms letzte Schaffensphase? — Text „Der gespenstige Reiter. Ein Reiseabenteuer“ (vgl. Kapitel „Materialien“) lesen

2. Stunde

Gegenstand/ Didaktischer Aspekt	Kenntnis der Entstehung der Novelle „Der Schimmelreiter“ Anregungen — Quellen — Arbeitsprozeß
Unterrichtsverlauf	1. Storm und die Nordsee Text: Bericht „Zum Jahre 1756“ (vgl. Kapitel „Materialien“) 2. Schauplätze der Novelle 3. Die wichtigste Anregung: „Der gespenstige Reiter“ (1838 erschienen); vgl. Kapitel „Materialien“ 4. Andere Quellen (Überblick) 5. Der Arbeitsprozeß 1885–1888
Methodische Hilfen/ Impulse	— Analyse des Berichts über die Sturmflut von 1756 (Lesen und Besprechen des Textes) — Informationen über die Schauplätze (Folienprojektion und LV; Abbildungen befinden sich im Kapitel „Materialien“) — Wiedergabe des Inhalts von „Der gespenstige Reiter“ durch einen Schüler; dann Vergleich mit der Novelle im UG — Information über Quellen und Entstehung (LV)

Hausaufgaben	– Wodurch wurde Storm zum „Schimmelreiter“ angeregt? – Sind die Schauplätze fiktiv oder geben sie Reales wieder? – Auffrischen der Textkenntnis durch abschnittsweises häusliches Lesen (Arbeitsteilung durch Aufträge an Gruppen, vgl. 3, 2. Spalte)

3. Stunde

Gegenstand/ Didaktischer Aspekt	Der Inhalt der Novelle im Überblick/ Einblick in Elemente der Textart „Novelle“
Unterrichtsverlauf	1. Abschnitte der Handlung im Überblick Textabschnitte: S. 3,1 - 25,4; S. 25,5 - 55,2; S. 55,3 - 74,28; S. 74,29 - 102,8; S. 102,9 - 129,5; S. 129,6 - 146,5 2. Sinnabschnitte der Handlung 3. „Eine zurückgezogene Vorrede aus dem Jahre 1881“: Novelle als „Schwester des Dramas“ 4. „Dramatisches“ im „Schimmelreiter“: Untersuchung des Aufbaus
Methodische Hilfen/ Impulse	– Wiedergabe inhaltlicher Abschnitte durch Schüler mehrerer Gruppen – UG über Einschnitte im Text, die Sinnabschnitte markieren – Auswerten des Textes „Eine zurückgezogene Vorrede aus dem Jahre 1881“ (vgl. Kapitel „Materialien“) – UG über den „Schimmelreiter“ als Novelle
Hausaufgaben	– Zeigt die Erzählung verschiedene Handlungsstränge? – Gibt der Autor die Handlung chronologisch wieder, oder erzählt er anders? – Welche Sinnabschnitte läßt die Handlung erkennen? – Inhaltsangabe (schriftlich) der „Einleitung“ (S. 3 - 9), der Unterbrechungen der Haupthandlung (U_1 - U_5) und des Schlusses (S. 144 - 146)

4. Stunde

Gegenstand/ Didaktischer Aspekt	Fähigkeit, den Aufbau der Novelle zu analysieren
Unterrichts-verlauf	1. Der Rahmenbau (Überblick): Drei Erzähler – drei Zeitebenen – verschiedene Erzählperspektiven 2. Anlage und Bedeutung des äußeren Rahmens; Textgrundlage: S. 3 3. Der innere Rahmen und seine Funktion; Textgrundlage: S. 3 - 9 und S. 144 - 146, außerdem U_1 - U_5 (vgl. Strukturskizze) 4. Die Erzählabschnitte der Binnenhandlung
Methodische Hilfen/ Impulse	– Nochmaliges Lesen (Schülervortrag) der Teile des doppelten Rahmens – Gemeinsames Erarbeiten der Erzählabschnitte der Binnenhandlung (UG) – Erarbeiten bzw. Ergänzen einer Strukturskizze (Wandtafel oder Folie)
Hausaufgaben	– Was bezweckt und erreicht Storm mit der doppelten Rahmung? – Welche Bedeutung hat die mehrfache Unterbrechung der Binnenerzählung durch die Rahmenhandlung? – Großknecht contra „Schreiberknecht"; Text S. 37 - 49 (Winterfest) nochmals lesen – Referat: Hauke Haiens Jugendjahre bis zum Beginn der Lehrjahre

5. Stunde

Gegenstand/ Didaktischer Aspekt	Fähigkeit, Hauke Haiens Werden, Wesen und Wirkung zu analysieren
Unterrichts-verlauf	1. Hauke als Junge Text: S. 11 - 13 (Gedanken über Deiche) 2. Lehrjahre Text: S. 34 - 36 (Haukes Kenntnisse)

	3. Der Weg ins Amt und der beginnende Konflikt Text: S. 68 - 70 (Pläne Haukes) 4. Der Deichgraf und die Dorfgemeinschaft Text: S. 88 - 92 und S. 102 - 108 (Bau des Deiches) 5. Der Untergang des Deichgrafen und seiner Familie Text: S. 122 - 124, S. 126 - 128, S. 140 f.
Methodische Hilfen/ Impulse	— Ref über Haukes Jugend bis zum Beginn der Lehrjahre — Abschnitte der Entwicklung Haukes (UG und Fixieren des Ergebnisses auf der Wandtafel bzw. im Heft) — Gemeinsame Analyse von Textstellen, die vom neuen Deich handeln — Diskussion über die Schuld des Deichgrafen
Hausaufgaben	— Welche Textstellen geben in besonderem Maße Aufschluß über Haukes Entwicklung? — Welche Schuld trägt Hauke Haien an der Katastrophe? — Nochmaliges Lesen relevanter Textstellen (vgl. 6. Stunde, 2. Spalte)

6. Stunde

Gegenstand/ Didaktischer Aspekt	Fähigkeit, wichtige andere Personen der Novelle zu charakterisieren
Unterrichts-verlauf	1. Männer der Dorfgemeinschaft: Tede Haien – Tede Volkerts – Jewe Manners – Ole Peters Textgrundlagen: u. a. S. 9 - 13, 22 - 25, 52 f. (T. H.); S. 26 - 28, 32 - 35, 54 f., 59 (T. V.); S. 62 f., 89 f., 102 (J. M.); S. 29 f., 39 - 47, 57, 66 f., 102, 125 f. (O. P.) 2. Wichtige Frauengestalten: Vollina Harders – Trin' Jans – Elke Volkerts Textgrundlagen u. a. S. 33 f., 47, 50 (V. H.); S. 17 - 22, 43 f., 112 - 114, 119 f., 129 f. (T. J.); S. 47 - 49, 63 - 66, 70 - 74, 98 - 101, 134 f., 142 (E. V.)

Methodische Hilfen/ Impulse	— UG über das Wesen und Verhalten der einzelnen Personen — Vergleich Ole Peters' mit Hauke Haien — Elke Volkerts: Wesenzüge und schicksalhafte Verbundenheit mit Hauke Haien
Hausaufgaben	— Worin bestehen Gemeinsamkeiten in den Wesenzügen und im Verhalten der Männer? — Welche verschiedenartigen Wesenszüge von Frauen wollte Storm anhand dreier wichtiger Frauengestalten aufzeigen? — Charakterisierung von Tede Volkerts, Ole Peters' und Trin' Jans' — Referat über Storms Naturdarstellung im inneren Rahmen

7. Stunde

Gegenstand/ Didaktischer Aspekt	Einblick in das Verhältnis zwischen Mensch und Natur
Unterrichts-verlauf	1. Die Naturdarstellung in der Rahmenhandlung 2. Das Meer als zerstörerische Kraft in der Binnenerzählung Textgrundlagen: S. 11,24 - 12,8; S. 13,21 - 13,34; S. 116,10 - 116,20; S. 122,30 - 123,18 3. Die Auseinandersetzung des Menschen mit den Gefährdungen durch das Meer Textstellen zum Verhalten Hauke Haiens und der Gemeinschaft: S. 122,30 - 124,31; S. 125,14 - 126,20; S. 126,34 - 129,5; S. 138,17 - 141,3
Methodische Hilfen/ Impulse	— Ref über Storms Naturdarstellung im inneren Rahmen — Gemeinsame Analyse von Textstellen, die das Meer und seine Gefahren schildern — Diskussion über das Fehlverhalten des Individuums und der Gemeinschaft

Hausaufgaben	— Welche Funktion hat die Naturdarstellung im inneren Rahmen? — Wie sollten sich der herausragende einzelne und die Gemeinschaft gegenüber den von der Natur drohenden Gefahren verhalten? — Lesen von Textstellen, die sich mit Überwirklichem befassen (Arbeitsteilung durch Aufträge an Gruppen, vgl. 8. Stunde, 2. Spalte)

8. Stunde

Gegenstand/ Didaktischer Aspekt	Einblick in übernatürliche und realistische Elemente
Unterrichtsverlauf	1. Übernatürliches und Realistisches im inneren Rahmen: a) Novellen-Text: S. 5,9 - 8,34, außerdem U_2, U_3, U_4 undU_5 (vgl. Strukturskizze); S. 144,9; S. 145,24 - 145,29 b) Der ursprüngliche Schluß der Novelle 2. Übernatürliches und Realistisches in der Binnenerzählung Textgrundlage: S. 14,24 - 16,15; S. 75,10 - 78,26; S. 81,14 - 88,4; S. 99,3 - 101,19; S. 104,18 - 108,4; S. 130,21 - 132,9
Methodische Hilfen/ Impulse	— UG über Geheimnisvolles und Rationales im inneren Rahmen — Gemeinsame Analyse des ursprünglichen Schlusses (vgl. Kapitel „Materialien“) — GA: Übernatürliches und seine Bewertung in der Binnenhandlung
Hausaufgaben	— Welche Rolle spielt Übernatürliches im inneren Rahmen bzw. in der Binnenerzählung? — Wie wird Spukhaftes bewertet? — Welche Bedeutung hat in diesem Zusammenhang der ursprüngliche Schluß der Novelle? — Wie kommt es zur Spukerzählung vom Teufelspferd und seinem geheimnisvollen Reiter?

9. Stunde

Gegenstand/ Didaktischer Aspekt	Einblick in die Erzählsituation und in die sprachliche Gestaltung der Novelle
Unterrichts-verlauf	1. Die Erzählsituation: — 1. Rahmen Text: S. 3 — 2. Rahmen Text: S. 3 - 6 und S. 145 f. — 3. Binnenerzählung Text: S. 8 f. und U_1 - U_5 (vgl. Strukturskizze) 2. Die sprachliche Gestaltung in Grundzügen — „Landesdeichsprache" — Altertümelnde Stiltendenzen — Lebendiges Erzählen durch treffende Wortwahl — Kunstvoller Satzbau — Wörtliche Rede
Methodische Hilfen/ Impulse	— Vergleich der beiden Rahmenerzählsituationen (UG) — Der Schulmeister, sein Wesen und seine Haltung (Auswertung von Textstellen) — Lesen und Besprechen des Textes „Für binnenländische Leser" (vgl. Kapitel „Materialien") — LV über altertümelnde Stiltendenzen und ihre Bedeutung
Hausaufgaben	— Welche Rolle spielen die Ich-Erzähler in den beiden Rahmenhandlungen und in der Binnenerzählung? — Welche besonderen sprachlichen Kennzeichen läßt „Der Schimmelreiter" erkennen? — Lesen von Texten über Storms Novelle (vgl. 10. Stunde, 2. Spalte)

10. Stunde

Gegenstand/ Didaktischer Aspekt	Einblick in Aufnahme und Deutung der letzten Novelle Theodor Storms

Unterrichtsverlauf	1. Zeitgenössische Rezensionen Textgrundlagen: Wilhelm Brandes (1888) und Moritz Necker (1889) (vgl. LV 4., Nr. 79, S. 70-74) 2. Deutungen aus dem 20. Jahrhundert Textgrundlagen: Walter Silz (1946 bzw. 1955) und Ernst Loeb (1963); (vgl. LV 4., Nr. 79, S. 76-78) 3. „Der Schimmelreiter" im Film
Methodische Hilfen/ Impulse	— Analyse zu Hause gelesener Texte im UG — LV (mit Textauszügen) über Goethes „Faust", II. Teil (1832), V. 10 177 - 10 233 (4. Akt) und V. 11 511 - 11 603 (5. Akt) — LV über „Schimmelreiter"-Verfilmungen mit anschließendem UG
Hausaufgaben	— Was hoben zeitgenössische Rezensenten als bemerkenswert hervor? — Mit welchem anderen Werk der deutschen Dichtung verglich man im 20. Jahrhundert den „Schimmelreiter"? — Womit ist es zu erklären, daß die „Schimmelreiter"-Novelle mehrfach zu Verfilmungen reizte?

4
Klausurvorschläge

In den Jahrgangsstufen 9 und 10 – sie sind für die *Schimmelreiter*-Lektüre besonders geeignet – sind drei Aufsatzarten weit verbreitet: Textanalyse, Literarische Erörterung und Literarische Charakteristik.

Die folgenden Themen enthalten Vorschläge für Klassenarbeiten der genannten Art; sie sind nach inhaltlichen Gesichtspunkten geordnet.

1. „Der Schimmelreiter" als Novelle

1.1 Man nennt den *Schimmelreiter* oft die dramatischste Novelle Storms. Welches sind ihre dramatischen Züge?

1.2 *Der Schimmelreiter* weist Merkmale einer Stimmungsnovelle auf. Zeige das an der Schilderung der Katastrophe auf!

2. Struktur

2.1 Wie verbindet Storm die Teile des Rahmens am Anfang und am Ende, und wie verknüpft er den inneren Rahmen mit der Binnenerzählung?

2.2 Welche Bedeutung haben die fünf Unterbrechungen in der Erzählung des Schulmeisters?
2.3 Welche Aufgabe hat der innere Rahmen der *Schimmelreiter*-Novelle?
3. Personen
3.1 Unter welchen verschiedenen Einflüssen steht die Entwicklung Hauke Haiens?
3.2 Wo werden bei Hauke Haiens ungewöhnlichem Aufstieg schon die Kräfte sichtbar, die zu seinem jähen Untergang führen?
3.3 Das Verhältnis von Eigennutz und Gemeinwohl in Hauke Haiens Entwicklung.
3.4 Beschreibe und deute das Verhältnis zwischen Hauke Haien und Ole Peters!
3.5 Wie macht sich Ole Peters schuldig an Hauke Haiens Untergang?
3.6 Der Kampf Hauke Haiens mit der Verständnislosigkeit der Dorfbewohner.
3.7 Einmal gibt Hauke Haien wider besseren Wissens nach. Wie beurteilst du dieses Versagen, wie beurteilt er es?
3.8 Charakterisiere Trin' Jans, eine wichtige Frauengestalt in Storms *Schimmelreiter*!
4. Allgemeine Probleme und Fragen
4.1 Phantasie und Wirklichkeit im *Schimmelreiter*. Bei welchen Vorgängen sind beide unauflöslich miteinander verknüpft?
4.2 Welche Rolle spielt das Meer in Storms *Schimmelreiter*-Novelle?
4.3 Untersuche Formen und Funktion des Aberglaubens in Storms *Schimmelreiter*-Novelle anhand selbstgewählter Beispiele!

5
Materialien

.1 Theodor Storm: Eine zurückgezogene Vorrede aus dem Jahre 1881

Nach einer Zeitungsnotiz hat neuerdings einer unserer gelesensten Romanschriftsteller bei Gelegenheit einer kürzeren, von ihm als „Novelle" bezeichneten Prosadichtung die Novelle als ein Ding bezeichnet, welches ein Verfasser dreibändiger Romane sich wohl einmal am Feierabend und gleichsam zur Erholung erlauben könne, an das man aber ernstere Ansprüche eigentlich nicht stellen dürfe.

Ob die so eingeleitete Arbeit einer solchen Herabsetzung ihrer Gattung bedurfte, vermag ich nicht zu sagen. Indessen sei es mir gestattet, wie vordem bei Gelegenheit meines „Hausbuches aus deutschen Dichtern" zur Lyrik, so hier zur Novellistik, als der Dichtungsart, welche die spätere Hälfte meines Lebens begleitet hat, auch meinerseits ein Wort zu sagen.

Die Novelle, wie sie sich in neuerer Zeit, besonders in den letzten Jahrzehnten, ausgebildet hat und jetzt in einzelnen Dichtungen in mehr oder minder vollendeter Durchführung vorliegt, eignet sich zur Aufnahme auch des bedeutendsten Inhalts, und es wird nur auf den Dichter ankommen, auch in dieser Form das Höchste der Poesie zu leisten. Sie ist nicht mehr, wie einst, „die kurzgehaltene Darstellung einer durch ihre Ungewöhnlichkeit fesselnden und einen überraschenden Wendepunkt darbietenden Begebenheit", die heutige Novelle ist die Schwester des Dramas und die strengste Form der Prosadichtung. Gleich dem Drama behandelt sie die tiefsten Probleme des Menschenlebens; gleich diesem verlangt sie zu ihrer Vollendung einen im Mittelpunkte stehenden Konflikt, von welchem aus das Ganze sich organisiert, und demzufolge die geschlossenste Form und die Ausscheidung alles Unwesentlichen; sie duldet nicht nur, sie stellt auch die höchsten Forderungen der Kunst.

Daß die epische Prosadichtung sich in dieser Weise gegipfelt und gleichsam die Aufgabe des Dramas übernommen hat, ist nicht eben schwer erklärlich. Der Bruchteil der Nation, welchem die Darstellung der Bühne zugute kommt, wird mit jedem Tage kleiner, hinter dem wachsenden Bedürfnis bleibt die Befriedigung immer mehr zurück; dazu kommt, daß gerade die poetisch wertvollen neueren Dramen nur selten die Bühne erreichen oder nach dem ersten Versuche wieder davon verschwinden, sei es wegen der Unzulänglichkeit unserer deutschen Schauspieler oder weil, vielleicht im Zusammenhang mit dem ersterwähnten Umstande, den Dichtern ein gewisses praktisches Verständnis für die Darstellbarkeit abging. So haben sich denn andere Leute der Bühne bemächtigt, und man begnügt sich dort lieber mit Sachen, welche den besten der Iffland-Kotzebue-Periode nicht einmal das Wasser reichen; aber was solcherweise der dramatischen Schwester entzogen wurde, ist der epischen zugute gekommen.

Im übrigen geht es mit der Novellistik wie mit der Lyrik; alle meinen es zu können, und nur bei wenigen ist das Gelingen, und auch dort nur in glücklicher Stunde.

– – Wenn ich mit Vorstehendem diese neuen Bände der Gesamtausgabe meiner Schriften einleite, so habe ich damit nur die Ziele bezeichnen wollen, welche in der Novellistik zu erreichen sind; inwiefern von mir selber in dieser Richtung hie und da etwas erreicht worden, will ich denen, die nach uns kommen, zur Entscheidung überlassen; denn so viel ist gewiß, der einzige Probierstein des poetischen Werkes ist die Dauer.

Hademarschen, im Juni 1881.

Th. Storm

Aus: Storm, Theodor: Sämtliche Werke in acht Bänden. Hrsg. von Albert Köster; Band 8, Leipzig 1920, S. 122 f.

Mat. 2 *Zum Jahre 1756:*

„Der 11te Sept. des 1751sten Jahrs ist annoch unvergessen, jedoch bleibt der 7 Octobr. dieses Jaars [1756] in mehrerem ja fürchterlicherm Andenken, zumahl da bekannt, daß die Gefahr, so dieser Tag theils durch einen abscheulichen Sturm-Wind, theils durch die ausserordentliche wütende Welle des schäumenden und hoch auflauffenden Wassers, so wohl Jungen als Alten angdrohet hat, bis auf die späteste Zeiten Spuren nachlassen werde. Ich beziehe mich überhaupt in Hinsicht anderer Oerter auf die politische Zeitungen vom Octobr. Monaht h. a. [„huius anni" = dieses Jahres]. In Hinsicht der Stadt Husum, und derer auf der Nähe derselben belgenen Orter, und Halligen aber bemerke folgende erschreckende Umstände.

Der Wind wehete an demselben Tag erstlich aus dem Westen, nachhero drehete selbiger sich nach Nord-Westen, und fing an dergestalt heftig zu werden, daß auch die aller älteste Leute dergleichen Sturm-Wind gehöret zu haben, sich nicht entsinnen können.

(. . .)

So heftig dieser Sturm war, so heftig fing das Wasser an zu steigen. Die Wuht desselben war unbeschreiblich. Es schienen als wann die gethürmten Wellen des mit aller Macht brausenden Wassers auf einmahl Häuser und Keller umstürzen und anfüllen wollten. Des Nachmittags zwischen 1 und 2 Uhr waren die Wasser-Reihe, die Krämer-Strasse und die Gasse bey der Brücken völlig unter Wasser gesetzet. (. . .)

Die Hattstetter Marsch brach durch und bekam eine Wehle von 7 Ruhten breit und 16 Ruhten tief . . ." (in Laß „Zweite Fortsetzung" S. 309 f.)

Entnommen aus: Storm, Theodor: Der Schimmelreiter/Sylter Novelle. Hrsg. von Karl Ernst Laage. Heide [2]1983, S. 138.

3 Abbildung 1

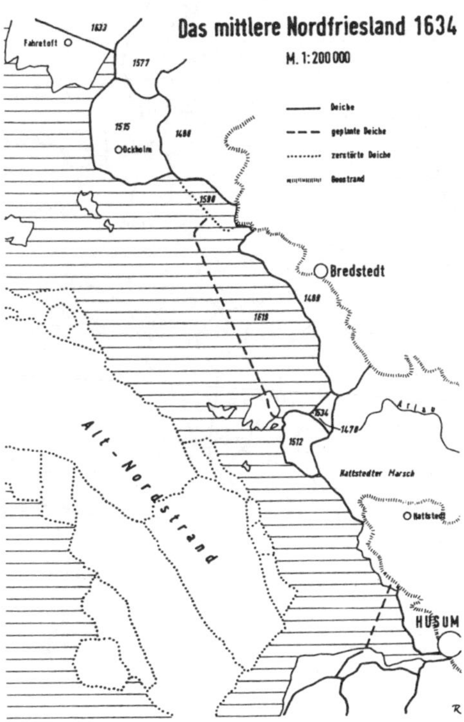

Entnommen aus: Barz, Paul: Der wahre Schimmelreiter. Hamburg 1982, S. 131.

 Abbildung 2

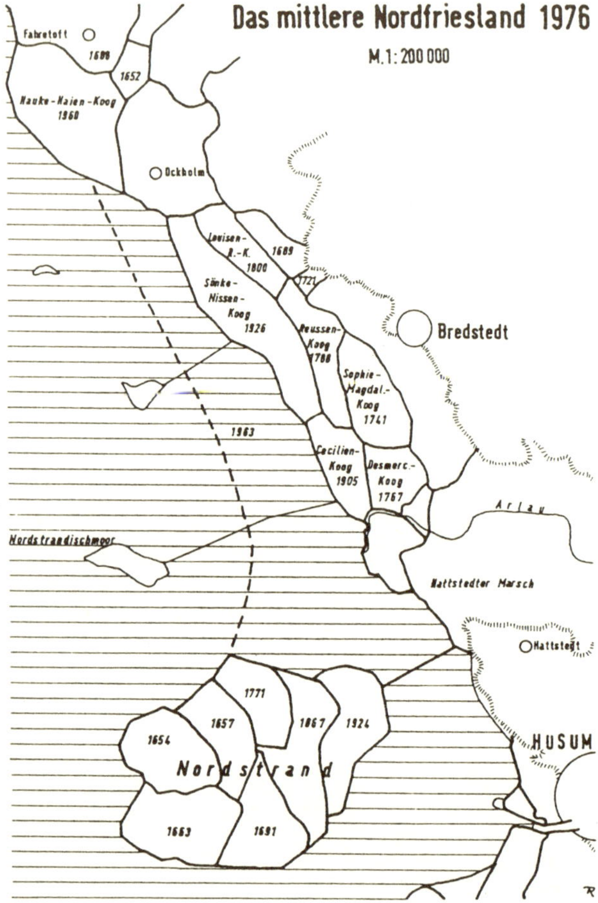

Entnommen aus: Barz, Paul: Der wahre Schimmelreiter. Hamburg 1982 (Verlag Ernst Kabel), S. 130.

5 *Der Schauplatz der Schimmelreiternovelle. Übersichtskarte nach den Angaben in der Novelle. (Entwurf: Dr. Laage, Zeichnung: Schlenzig.)*

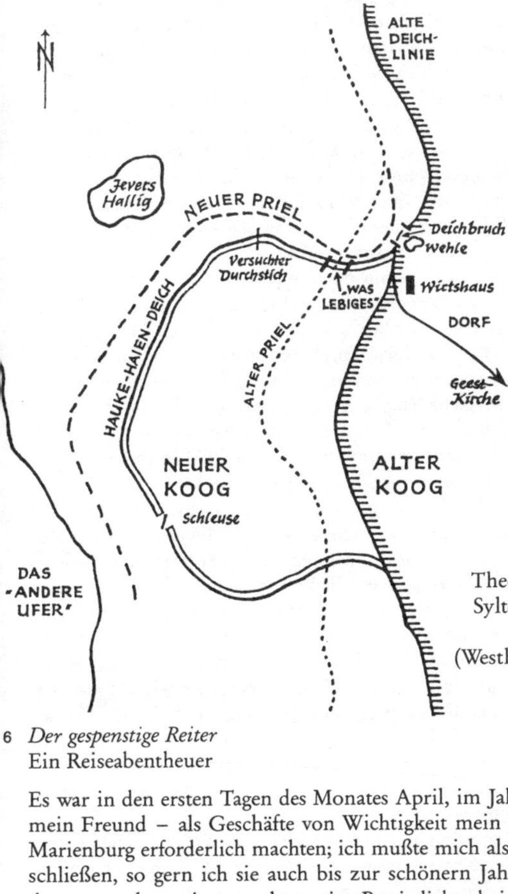

Entnommen aus: Storm, Theodor: Der Schimmelreiter/ Sylter Novelle. Hrsg. von Karl Ernst Laage. Heide 1983 (Westholsteinische Verlagsanstalt Boysen & Co.), S. 139.

6 *Der gespenstige Reiter*
Ein Reiseabentheuer

Es war in den ersten Tagen des Monates April, im Jahre 1829 – so erzählte mir mein Freund – als Geschäfte von Wichtigkeit mein persönliches Erscheinen in Marienburg erforderlich machten; ich mußte mich also zu einer Reise dahin entschließen, so gern ich sie auch bis zur schönern Jahreszeit aufgeschoben hätte, denn wer selten reiset, macht so eine Partie lieber bei schönem Wetter; allein die Nothwendigkeit der Sache machte, daß ich meine Reise beschleunigen mußte. Ein gemiethetes Reitpferd stand um 4 Uhr Nachmittags vor meiner Thüre; ich ließ den Braunen nicht lange warten, schwang mich hinauf, und nach wenigen Minuten hatte ich mein liebes Danzig im Rücken.

Mein Weg längs der Chaussee ging gut, und das einzige Hinderniß, welches ich zu bekämpfen hatte, war das kalte, unangenehme, regnigte Wetter.

Durchfroren und durchnäßt kam ich bei ziemlicher Dunkelheit in Dirschau an; stieg im erstgelegenen Gasthofe ab, um ein wenig zu ruhen, meinem sich einfindenden Appetit durch einen Imbiß zu begegnen und durch einen erwärmenden

Trunk meine Glieder zu erfrischen; fragte unter Anderm den Wirth, wie es mit der Weichsel stände, und bekam zur Antwort: „Schlecht, Ihr Hinüberkommen wird nicht allein beschwerlich, sondern auch gefährlich sein." Doch ich durfte mich nicht abschrecken lassen, weil ich nach meinem Bestimmungsorte mußte, und wo möglich wollte ich dort noch an demselben Abende eintreffen; ich bezahlte dem Wirthe meine Rechnung und eilte weiter; aber angekommen an der Weichsel wurde ich von den Fährknechten zu meinem Schrecken unterrichtet, daß das heutige Hinüberkommen für keinen Preis ausführbar sei, wenn ich nicht mit Gewalt in die Arme des Todes eilen wolle; auch sahe ich zum Theil die Unmöglichkeit der Sache wohl selber ein; doch wurde mir der Vorschlag gemacht, daß ich bis zur Güttländer Fähre reiten solle, weil dort das Hinüberschaffen wohl noch zu bewerkstelligen sein würde, ich ließ mir dieses nicht zwei Mal sagen, griff in die Zügel, lenkte um, und fort ging's zur Güttländer Fähre. –

Dunkler und dunkler wurde es rings um mich, nur hin und wieder drang das Leuchten eines Sternes durch die Nebelwolken, fremd war mir die in schwarze Schatten gehüllte Gegend, kein menschliches Wesen erblickte ich, und nur das Brausen des Sturmes und das Geprassel des, durch das Wasser immer höher gehobenen und geborstenen Eises waren meine schaurigen Begleiter. – Da plötzlich höre ich dicht hinter mir das rasche Trappeln eines Pferdes, und freudig, in dem Wahne, einen Gesellschafter nahe zu haben, blicke ich mich erwartungsvoll um und sehe – Nichts – wohl aber trabt es immer schärfer und näher, mein Brauner schnaubt und stampft, kaum vermochte mein spitziger Sporn ihn vorwärts zu treiben, und ein kalter Schauer überlief meinen ganzen Körper; doch beruhigte ich mich, da mein sonderbarer Begleiter verschwunden zu sein schien; als ich ihn aber plötzlich wieder, ohne ihn zu sehen, vor mir hersprengen hörte, war es, als wollten mir meine Glieder die Dienste versagen, ein Fieberfrost durchrieselte mich und mein Pferd wurde höchst unruhig; was aber die Unheimlichkeit noch vermehrte, war: daß dieses unbegreifliche Wesen mir plötzlich und pfeilschnell vorüber zu sausen schien, so hörte sich das ungewöhnliche Geräusch wenigstens an, welches sich wieder allmählig verlor, um aber, wie es schien, mit erneuter Schnelligkeit zurückzukehren; es wieder hören, dicht hinter mir haben, die anscheinende Gestalt eines weißen Pferdes, mit einem schwarzen, Menschen ähnlichen Gebilde drauf sitzend, mir im fliegenden Gallop vorbeireiten zu sehen, war Eins; mein Brauner machte einen Seitensprung und es fehlte nicht viel, so wären wir Beide den Damm, ohne es zu wollen, hinabgestürzt.

Ich habe die letzten Feldzüge mitgemacht, feindliche Kugeln tödteten neben mir meine besten Kameraden, vom Kanonendonner bebte die Erde, doch mich machte nichts erbeben; aber hier auf dem Weichseldamm, ich gestehe es zu meiner Schande, zitterte ich an allen Gliedern. –

Das hörte ich in der Ferne das Bellen eines Hundes, und wurde das Blinken eines Lichtes gewahr. Ha! dachte ich, da werden sich auch Menschen befinden, wie du einer bist, schnell ritt ich dem Lichtscheine entgegen, und kam an eine sogenannte Wachtbude; ich stieg ab, und fragte die darin versammelte Menge, ob ich bei ihnen die Nacht über weilen könne – denn für heute war ich des Reisens satt – und meine Frage wurde mit „Ja" beantwortet.

Froh, ein schützendes Obdach gefunden zu haben, brachte ich zuerst mein Pferd in Sicherheit, setzte mich dann ruhig in eine Ecke, pflegte mich, so gut es sich thun ließ, und hörte die Gespräche der Landleute, die hier auf Eiswache waren, mit an; ließ aber wohlbedächtig, um mich nicht Reibereien Preis zu geben, nichts von meinem überstandenen Abentheuer merken.

Da war's, als rauschte irgend etwas dem Fenster vorbei. Mit einem Schreckensausruf sprangen mehrere Männer auf, und einer von ihnen sagte: „Es muß irgendwo große Gefahr sein, denn der Reiter auf dem Schimmel läßt sich sehen"; und der größte Theil eilte hinaus. Der Reiter nun befremdete mich nicht, wohl aber die gemachte Bemerkung, weßhalb ich den neben mir sitzenden alten Mann ersuchte, mir hierüber eine genügende Erklärung zu geben, worauf ich folgende Auskunft erhielt:

„Vor vielen Jahren, da sich auch unsere Vorfahren hier einst versammelt hatten, um auf den Gefahr drohenden Eisgang genau Acht zu haben, bekleidete ein entschlossener, einsichtsvoller und allgemein beliebter Mann aus ihrer Mitte das Amt eines Deichgeschworenen. An einem jener verhängisvollen Tage entstand eine Stopfung des Eises, mit jeder Minute stieg das Wasser und die Gefahr; der erwähnte Deichgeschworene, der einen prächtigen Schimmel ritt, sprengte auf und nieder, überzeugte sich überall selbst von der Gefahr und gab zu deren Abwehr die richtigsten und angemessensten Befehle; dennoch unterlagen die Kräfte der schwachen Menschen der schrecklichen Gewalt der Natur, das Wasser fand durch den Damm einen Durchweg, und schrecklich war die Verheerung, die es anrichtete. Mit niedergeschlagenem Muthe kam der Deichgeschworene in gestrecktem Gallop beim Durchbruche an, durch den sich das Wasser mit furchtbarer Gewalt und brausendem Getöse auf die so ergiebigen Fluren ergoß; laut klagte er sich an, auf diese Stelle nicht genug Acht gegeben zu haben, sah darauf still und unbewegt dieses Schrecken der Natur einige Augenblicke an; dann schien ihn die Verzweiflung im vollen Maaße zu ergreifen, er drückt seinem Schimmel die Sporen in die Seiten, ein Sprung – und Roß und Reiter verschwinden in den Abgrund. – Noch scheinen Beide nicht Ruhe gefunden zu haben, denn sobald die Gefahr vorhanden ist, lassen sie sich noch immer sehen." –

Ich setzte am morgen meine Reise weiter fort, sah den Reiter nicht wieder, wohl aber die schreckliche Verheerung, die das Wasser im obengenannten Jahre angerichtet hatte. –

Hiermit schloß mein Freund, betheuerte die Wahrheit der Sache und schien durch mein Kopfschütteln verdrießlich werden zu wollen.

Entnommen aus: Storm Theodor: Der Schimmelreiter/ Sylter Novelle. Hrsg. v. Karl Ernst Laage, Heide [2]1983 (Westholsteinische Verlagsanstalt Boysen & Co.). S. 129-132.

7 *Für binnenländische Leser.*
Schlick, der graue Ton des Meerbodens, der bei der Ebbe bloßgelegt wird.
Marsch, dem Meere abgewonnenes Land, dessen Boden der festgewordene Schlick, der Klei, bildet.
Geest, das höhere Land im Gegensatz zur Marsch.
Haf, das Meer.
Fenne, ein durch Gräben eingehegtes Stück Marschland.
Springflut, die ersten nach Voll- und Neumond eintretenden Fluten.

Werfte, zum Schutze gegen Wassergefahr aufgeworfener Erdhügel in der Marsch, worauf die Gebäude, auch wohl Dörfer liegen.
Hallig, kleine unbedeichte Insel.
Profil, das Bild des Deiches bei einem Quer- oder Längenschnitt.
Dossierung (oder Böschung), die Abfall-Linie des Deiches.
Interessenten, die wegen Landbesitz bei den Deichen interessiert sind.
Bestickung, Belegung und Besteckung mit Stroh bei frischen Deichstrecken.
Vorland, der Teil des Festlandes vor den Deichen.
Koog, ein durch Eindeichung dem Meere abgewonnener Landbezirk.
Priel, Wasserlauf in den Watten und Außendeichen.
Watten, von der Flut bespülte Schlick- und Sandstrecken an der Nordsee.
Demath, ein Landmaß in der Marsch.
Pesel, ein für außerordentliche Gelegenheiten bestimmtes Gemach, in den Marschen gewöhnlich neben der Wohnstube.
Lahnungen, Zäune von Buschwerk, die zur besseren Anschlickung vom Strande in die Watten hinausgesteckt werden.

Aus: Storm, Theodor: Sämtliche Werke in acht Bänden. Hrsg. von Albert Köster, Band 8, Leipzig 1920, S. 289.

Mat. 8 *Der ursprüngliche Schluß der Novelle*

Der Schluß der Stormschen Schimmelreitererzählung sah ursprünglich anders aus, als wir ihn heute lesen. Erst jetzt, 90 Jahre nach dem Erstdruck, wurden Schlußszenen entdeckt, die der Dichter während der Druckkorrektur gestrichen hat (man vergleiche meinen Aufsatz in „Euphorion" 73/1979 und in den „Schriften der Th.-Storm-Gesellschaft" 30/1981).

Als Storm seine Novelle in den sog. Korrekturbogen, die er am 24.2.1888 vom Verlag bekommen hatte, zum erstenmal gedruckt vor sich sah, hatte er den Eindruck, daß – wie er an seinen Verleger Paetel später (am 3.3.1888) schrieb – eine Schlußszene „zu sehr aus der Stimmung fiel". Wie ein Vergleich der Novellenhandschrift mit dem Erstdruck in der „Deutschen Rundschau" (April- und Maiheft 1888) ergibt, meinte Storm folgende Szene, die ursprünglich zwischen den Worten „. . . das geht noch alle Tage." und „Als das lebhafte Männlein das gesagt hatte . . ." (S. 108) gestanden hat (Text nach der Original-Handschrift, wie sie im Storm-Archiv der Kieler Landesbibliothek aufbewahrt wird):
Es soll nämlich, und ich darf das nicht vergessen, damals doch noch einer auf dem neuen Deich zurückgeblieben sein, während die Uebrigen südwärts nach der Stadt und von dort nach ihrem Kirchdorf auf der Geest zurückgeflohen waren, wo sie außer ihrem Deichgrafen nebst Weib und Kind die ganze Marsch beisammenfanden.

Der Zurückgebliebene aber sollte jener Carsten, der frühere Dienstjunge des Deichgrafen gewesen sein, ein ebenso abergläubiger, als, wenn seine Neugierde ins Spiel kam, waghalsiger Geselle, und derzeit noch im Dienst des Ole Peters. Er wollte an der Binnenkante des Deiches dem letzten Ritte seines früheren Herrn gefolgt sein; und einen ganzen Sack voll hatte er bei seiner Rückkehr auszukramen. „Hu aber, Frau Vollina", sagte er zu einer Wirthin, und das Weib kreuzte schon in behaglichem Schauder die Hände über ihren Leib; „da begab sich etwas!

Ich lag dicht hinter ihm am Deich; da stieß er dem Schimmel die Sporen in die Seiten und riß das Maul auf und schrie; verstehen konnt' ich's nicht, der Lärm umher war gar zu grauslich! Aber es wird wohl sein dummes „Vorwärts!" gewesen sein, womit er allezeit sein Thier zu treiben pflegte. Ja, vorwärts! Was meint Ihr, Frau Vollina!"

„Ja, was mein' ich?" plapperte das Weib. „So sprich doch Carsten!"

„Da ist nicht gut zu sprechen, Frau!" fuhr Carsten fort: „So arg ich meine Augen aufriß, ich sah itzt weder den Schimmel, noch ein ander Pferd; nur den Reiter sah ich, und es war noch, als ritte er mit seinen Beinen in der Luft; aber ein schwarzes Unding war über ihm und hielt ihn in seinen Krallen. Dann begann ein fürchterliches Hülfsgeschrei, das lauter war, als Sturm und Wasser; aber, Frau, wen der Teufel in den Krallen hat, dem kann nur Gott zu Hülfe kommen!"

„Und dann? Und dann?" rief Frau Vollina. „Ja, Frau; dann sah ich weiter nichts; ich hörte nur die großen Wasser, die in unseren Koog hinabstürzten und lief – denn mir war plötzlich die Angst ins Gemüt gefahren – auf dem Deich zur Stadt hinunter, um nur mein eigen bischen Leben aus dieser schreckbaren Einsamkeit zu retten. Aber" – und er dämpfte seine Stimme, und Frau Vollina neigte ihren runden Kopf zu seinen Lippen – „das Schrecklichste sah ich gestern Abend; ich war bei hellem Mondschein auf den Deich hinaus, bis gerad' vor Jeverssand – – das weiße Pferdsgerippe, das fort war, so lang der Schimmel in des Deichgrafs Stall gestanden – es liegt wieder dort! Geht nur hin und sehet selbst!"

Aber Frau Vollina stieß einen Schrei aus: „Herr Gott und Jesus, seid uns gnädig!"

– – „Das", sagte nach einer Weile der Schulmeister, „ist das Ende von Hauke Haiens Geschichte, wenn Sie sich dieselbe im Dorfe wollen erzählen lassen. Und so ist es immer weiter gegangen, und der arme Deichgraf, der tüchtigsten einer, die wir hier gehabt haben, ist allmählich zu einer Schreckgestalt erniedrigt worden: bei Hochfluthen müssen seine verstäubten Atome sich zu einem Scheinbild wiederum zusammenfinden; das muß auf seinem Schimmel über die Deiche galoppiren und, wenn Unheil kommen soll, sich in den alten Bruch hinabstürzen. Credat Judaeus Apella!* pflegten wir auf der Universität zu sagen."

Meines eigenen Abentheuers gedenkend wollte ich für den Gespensterglauben einen bescheidenen Vorbehalt erbitten; aber mein Gastfreund fiel mir in die Rede: „Ja, ja, werther Herr"; sagte er; „Sie wollen einwenden, Sie haben ihn selbst gesehen! Was Sie gesehen haben, weiß ich nicht: es könnte auch ein Leibhaftiger, das heißt, ein Mensch gewesen sein; dort draußen auf dem Sophienhof, der Besitzer hat einen Bruder bei sich, einen alten wunderlichen Junggesellen; die Leute halten ihn für einen Narren, er selbst treibt Astronomie und hält sich für einen großen Wetterkundigen. Der hat ein hager Angesicht und ein paar tiefliegende Augen und reitet am liebsten im fliegenden Sturm auf den Deichen hin und wieder; ob er einen Schimmel hat, weiß ich nicht zu sagen; unmöglich ist das nicht. Aber – einerlei, mag reiten wer da will, nur den Deichgraf Hauke Haien laßt mir aus dem Spiel; der hat wie kaum ein Andrer seine Ruh' verdient!"

**Anm. d. Hrsg.:* Storm zitiert hier aus Horaz, Satiren 1, 5, 100: „Das möge der Judäer Apelles glauben (ich nicht)!"

Entnommen aus: Storm Theodor: Der Schimmelreiter/Sylter Novelle. Hrsg. von Karl Ernst Laage. Heide [2]1983 (Westholsteinische Verlagsanstalt Boysen & Co.), S. 122-126.

Anhang

Anmerkungen

[1] Literaturverzeichnis (4), Nr. 12, S. 201 – Gespräch vom 29. Januar 1827.
[2] LV (4), Nr. 75; aus *Vorbericht zur dritten Lieferung der „Schriften"*, Bd. 11, S. LXXXIV-XC.
[3] LV (4), Nr. 27, S. XVIIff.
[4] LV (3), Nr. 5, S. 123.
[5] LV (4), Nr. 1, S. 283. Vgl. auch LV (4), Nr. 79, S. 89.
[6] LV (6); Sämtliche Werke, hrsg. von Peter Goldammer, ⁶1986, Bd. 4, S. 564.
[7] LV (1); Sämtliche Werke, hrsg. von Peter Goldammer, ⁶1986, Bd. 1, S. 787.
[8] LV (3), Nr. 15, S. 5.
[9] LV (3), Nr. 6, S. 268.
[10] LV (3), Nr. 6, S. 365 und 268.
[11] LV (3), Nr. 75 (2. Aufl.).
[12] LV (1); Sämtliche Werke in acht Bänden, hrsg. von Albert Köster. Achter Band, S. 122f.
[13] LV (4), Nr. 76, S. 129.
[14] LV (4), Nr. 77, S. 55.
[15] LV (4), Nr. 33, S. 66.
[16] LV (3), Nr. 11, S. 247 (1. Aufl.).
[17] LV (3), Nr. 5, S. 154 (2. Aufl.).
[18] LV (4), Nr. 70, Band 21, S. 247.
[19] LV (3), Nr. 4, Band 2, S. 136 und 141.
[20] LV (4), Nr. 77, S. 64.
[21] LV (4), Nr. 23, S. 104 (6. Aufl.).
[22] LV (1); Sämtliche Werke, hrsg. von Peter Goldammer, ⁶1986, Bd. 1, S. 617.
[23] LV (2). – Vgl. auch LV (4), Nr. 41, S. 134f.
[24] LV (4), Nr. 41, S. 140 (2. Aufl.).
[25] Vgl. LV (4), Nr. 41, S. 142 (2. Aufl.).
[26] Vgl. LV (4), Nr. 41, S. 141 (2. Aufl.).
[27] LV (4), Nr. 41, S. 115 (2. Aufl.).
[28] LV (4), Nr. 41, S. 115 (2. Aufl.).
[29] LV (4), Nr. 79, S. 40f.
[30] LV (4), Nr. 41, S. 116 (2. Aufl.).
[31] LV (3), Nr. 4, Band 2, S. 197f. – Brief vom 20. Oktober 1887.
[32] LV (4), Nr. 41, S. 118 (2. Aufl.).
[33] Vgl. LV (1); Sämtliche Werke, hrsg. von Peter Goldammer, ⁶1986, Bd. 4, S. 405.
[34] Vgl. LV (4), Nr. 79, S. 59f.
[35] LV (4), Nr. 41, S. 132f. (2. Aufl.).
[36] LV (4), Nr. 41, S. 133 (2. Aufl.).
[37] LV (4), Nr. 41, S. 133 (2. Aufl.).
[38] LV (4), Nr. 31.
[39] LV (2), Nr. 5. – Text auch in LV (4), Nr. 41, S. 129-132, und in: LV (4), Nr. 79, S. 61-64.

[40] LV (2), Nr. 4, S. 242. Titel der Sage: *Das vergrabene Kind.* – Vgl. auch: LV (4), Nr. 79, S. 58 f.
[41] Vgl. LV (4), Nr. 41, S. 135-138 (2. Aufl.).
[42] LV (4), Nr. 41, S. 135 (2. Aufl.).
[43] LV (4), Nr. 25. – Vgl. auch LV (4), Nr. 18, S. 72.
[44] Vgl. LV (4), Nr. 71, vor allem aber Nr. 36 und Nr. 83.
[45] LV (4), Nr. 18, S. 38.
[46] Vgl. LV (4), Nr. 40.
[47] LV (4), Nr. 26.
[48] LV (4), Nr. 26, S. 9.
[49] LV (4), Nr. 26, S. 12.
[50] LV (4), Nr. 18, S. 63 f.
[51] LV (4), Nr. 37. – Albert Köster merkte zum Stil Storms auch an (S. 73): „Hat auch sein Stil sich in den grundlegenden Charakterzügen schon früh ausgeprägt, so hat er seine letzte Verfeinerung doch erst bei der aufmerksamen Wiederdurchsicht der älteren Drucke erhalten."
[52] LV (4), Nr. 79, S. 5-36.
[53] LV (4), Nr. 60.
[54] LV (4), Nr. 20.
[55] LV (4), Nr. 60, S. 544.
[56] LV (4), Nr. 60, S. 544.
[57] LV (4), Nr. 20; Theodor Storm: S. 146-155 und S. 293-301.
[58] Briefe an Emilie Fontane, 14. Juni 1883. LV (4), Nr. 15, S. 357 f.
[59] LV (4), Nr. 20, S. 125.
[60] LV (4), Nr. 20, S. 129.
[61] LV (4), Nr. 20, S. 148.
[62] Vgl. LV (4), Nr. 41, S. 118-121 (2. Aufl.), und LV (4), Nr. 79, S. 47.
[63] Vgl. den Brief Storms an seine Tochter Lisbeth vom 10. März 1888. LV (3), Nr. 16, S. 238 f.
[64] LV (3), Nr. 14, S. 377.
[65] LV (4), Nr. 16, Anmerkungen S. 953-956.
[66] LV (4), Nr. 18, S. 97 f.
[67] LV (4), Nr. 18, S. 98.
[68] Vgl. LV (4), Nr. 41, S. 122-125 (2. Aufl.).
[69] LV (4), Nr. 10, S. 314.
[70] LV (4), Nr. 64, S. 31, 37 und 40.
[71] LV (4), Nr. 13, S. 918.
[72] LV (4), Nr.11, S. 7 f.
[73] Vgl. LV (4), Nr. 77, S. 70.
[74] LV (4), Nr. 73, S. 415.
[75] LV (4), Nr. 48.
[76] LV (4), Nr. 38, Spalte 1825.
[77] LV (4), Nr. 23, ^{6}1986, S. 7-105.
[78] LV (4), Nr. 77, S. VI (Vorwort).
[79] LV (4), Nr. 74.
[80] LV (3), Nr. 4, S. 212.
[81] LV (4), Nr. 79, S. 72 f.

[82] LV (4), Nr. 79, S. 71.
[83] LV (4), Nr. 79, S. 75.
[84] LV (4), Nr. 46.
[85] LV (4), Nr. 47, S. 165.
[86] LV (4), Nr. 62.
[87] LV (4), Nr. 17 und LV (4), Nr. 22.
[88] LV (4), Nr. 66 und LV (4), Nr. 57.
[89] LV (4), Nr. 80.
[90] *Der Schimmelreiter*: Band 7 (1920), S. 252-377. Vgl. LV (1).
[91] LV (4), Nr. 34, S. 42.
[92] LV (4), Nr. 72, S. 99.
[93] LV (4), Nr. 83.
[94] LV (4), Nr. 69.
[95] LV (4), Nr. 79, S. 76.
[96] LV (4), Nr. 49, S. 122 f. – Vgl. Kapitel „Materialien".
[97] LV (4), Nr. 31.
[98] LV (4), Nr. 65.
[99] LV (4), Nr. 23, ^{6}1986, S. 97.
[100] LV (4), Nr. 25, S. 50.
[101] LV (4), Nr. 26.
[102] LV (1); vgl. auch LV (4), Nr. 41.
[103] LV (4), Nr. 43.
[104] LV (4), Nr. 30. – Vgl. auch weitere Veröffentl. LV (4), Nr. 28 und LV (4), Nr. 29.
[105] LV (4), Nr. 79.
[106] LV (4), Nr. 78.
[107] LV (4), Nr. 18, S. 120.
[108] LV (4), Nr. 2.
[109] LV (4), Nr. 84.
[110] LV (4), Nr. 32.
[111] *Theodor Storm: Der Schimmelreiter.* Mit 96 ganzseitigen Lichtbildern aus dem gleichnamigen Film und nach Landschaftsaufnahmen. Hannover 1934.
Die begeisterte Kritik zeigt die Veröffentlichung: Ein Gespenst, eine Novelle und ein Film. In: *Daheim* 70 (1933/34), Nr. 20. 15. Februar 1934, S. 3.
Schülerarbeiten über den *Schimmelreiter*-Film wurden publiziert in: *Der Bildwart* 12 (1934/35), S. 18.
[112] Vgl. LV (4), Nr. 18, S. 112 und 114.
[113] Beispiel: Programm DDR 1, 2. November 1987, 20.00–21.20 Uhr.
[114] Unter anderem am 21. November 1987 im 3. Programm des Bayerischen Fernsehens (ARD).
[115] Programmzeitschrift GONG, Nr. 47/87, 13.11.1987, S. 60.
[116] LV (4), Nr. 53, S. 404.
[117] LV (4), Nr. 68, S. 147.
[118] LV (5), Nr. 3, S. 325.
[119] LV (5), Nr. 3, S. 323.
[120] LV (5), Nr. 3, S. 323.
[121] LV (5), Nr. 3, S. 325.
[122] LV (5), Nr. 1, S. 426.
[123] LV (5), Nr. 2, S.465.

Literaturverzeichnis

1. Werkausgaben

Storm, Theodor: Der Schimmelreiter. Novelle. In: Deutsche Rundschau. Jg. 55, Berlin 1888, S. 1-34; S. 161-203.

Storm, Theodor: Der Schimmelreiter. Novelle. Berlin: Gebrüder Paetel, 1888.

Storm, Theodor: Sämtliche Werke in acht Bänden. Hrsg. von Albert Köster. Leipzig: Insel, 1919/20. (*Der Schimmelreiter*: Bd. 7, 1920).

Storm, Theodor: Sämtliche Werke. Hrsg. von Peter Goldammer. Berlin: Aufbau-Verlag, 1956. (6. Aufl.: 1986). (*Der Schimmelreiter*: Bd. 4).

Storm, Theodor: Der Schimmelreiter. Sylter Novelle (Entwurf). Text, Entstehungsgeschichte, Quellen, Schauplätze, Abbildungen. In Verbindung mit der Theodor-Storm-Gesellschaft herausgegeben von Karl Ernst Laage. Heide: Westholsteinische Verlagsanstalt Boyens & Co., 1970. (2., erweiterte und verbesserte Auflage: 1983).

Storm, Theodor: Sämtliche Werke in zwei Bänden. München: Winkler, 7. Aufl. 1982. (*Der Schimmelreiter*: Bd. 2).

Storm, Theodor: Der Schimmelreiter. Novelle. Mit einem Nachwort von Wolfgang Heybey. Stuttgart: Philipp Reclam jun., 1992 (Reclams UB 6015 (2)).

Nach dieser Ausgabe wird im vorliegenden Buch zitiert.

2. Quellen

(1) Harms. Claus (Hrsg.): Schleswig-Holsteinischer Gnomon. Ein allgemeines Lesebuch für die Schuljugend. Kiel: ^{2}1843, S. 43-45 (*Hans Momsen*).

(2) M. Antoni Heimreichs Ernewrete Nordfresische Chronick. Schleswig 1668.

(3) Laß, J.: Sammlung einiger Husumischer Nachrichten. Flensburg 1750 ff.

(4) Müllenhoff, Karl (Hrsg.): Sagen, Märchen und Lieder der Herzogthümer Schleswig, Holstein und Lauenburg, Kiel 1845.

(5) Pappe, Johann Joseph Christian (Hrsg.): Lesefrüchte vom Felde der neuesten Literatur des In- und Auslandes. Hamburg 1838. Heft 2, S. 125-128 (*Der gespenstige Reiter*).

3. Briefe
(geordnet nach Briefempfängern)

(1) Fontane, Theodor: Storm-Fontane. Briefe der Dichter und Erinnerungen von Theodor Fontane. Einf. und Erl. von Erich Gülzow. Reinbek 1948.

(2) Franzos, Karl Emil: Zur Erinnerung an Theodor Storm. In: Deutsche Dichtung 5, 1888/89, S. 27-31.
Theodor Storm und Karl Emil Franzos. Ein unbekannter Briefwechsel. Hrsg. von Peter Goldammer. In: Schriften der Theodor-Storm-Gesellschaft 18, 1969, S. 9-40.

(3) Groth, Klaus: Theodor Storms Briefe an Klaus Groth. Hrsg. von Christian Jenssen. In: Schriften der Theodor-Storm-Gesellschaft 4, 1955, S. 31-77.

(4) Heyse, Paul: Der Briefwechsel zwischen Paul Heyse und Theodor Storm. Hrsg. von Georg J. Plotke. Bd. 2. München 1918.

(5) Keller, Gottfried: Der Briefwechsel zwischen Theodor Storm und Gottfried Keller. Hrsg. von Peter Goldammer. Berlin 1960; 2. Aufl. 1967.

(6) Kuh, Emil: Briefwechsel zwischen Theodor Storm und Emil Kuh. Veröffentlicht von Paul R. Kuh. In: Westermanns illustrierte deutsche Monatshefte 67, 1889/90, S. 99-107, 264-274, 363-378, 541-554.
(7) Mommsen, Theodor: Theodor Storms Briefwechsel mit Theodor Mommsen. Hrsg. von Hans-Erich Teitge. Weimar 1966.
(8) Mommsen, Tycho: Theodor Storms Briefe an Tycho Mommsen. In: Die neue Rundschau 25, 1914, Bd. 1, S. 366-381.
(9) Mörike, Eduard: Briefwechsel zwischen Theodor Storm und Eduard Mörike. Hrsg. von Hanns Wolfgang Rath. Stuttgart 1919.
(10) Paetel, Gebrüder: Neue Storm-Briefe. Hrsg. von Wilhelm-Ernst Tornette. In: Die Bücherschale, Heft 3, 1927, S. 3-18.
(11) Pietsch, Ludwig: Blätter der Freundschaft. Aus dem Briefwechsel zwischen Theodor Storm und Ludwig Pietsch. Mitgeteilt von Volquart Pauls. Heide 1939; 2. Auflage 1943.
(12) Schmidt, Erich: Theodor Storm – Erich Schmidt. Briefwechsel. Kritische Ausgabe, hrsg. von Karl Ernst Laage. Bd. 1: Berlin 1972, Bd. 2: Berlin 1976.
(13) Storm, Constanze: Briefe an seine Frau. Hrsg. von Gertrud Storm. Braunschweig 1916.
(14) Tönnies, Ferdinand: Theodor Storm und Ferdinand Tönnies. Hrsg. von Heinrich Meyer. In: Monatshefte für deutschen Unterricht 32, 1940, S. 355-380.

Verschiedene Empfänger:
(15) Briefe an seine Freunde Hartmuth Brinkmann und Wilhelm Petersen. Hrsg. von Gertrud Storm. Braunschweig 1917.
(16) Briefe an seine Kinder. Hrsg. von Gertrud Storm. Braunschweig 1916.
(17) Ungedruckte Briefe Theodor Storms. In: Die Bücherschau 3, 1912, S. 38-43.
(18) Briefe. Hrsg. von Peter Goldammer. Zwei Bände. Berlin 1972, 2. Aufl. 1984.

4. Storm – Sekundärliteratur und sonstige Veröffentlichungen

(1) Arnold, P. J.: Storms Novellenbegriff. In: Zeitschrift für Deutschkunde 37, 1923, S. 283.
(2) Barz, Paul: Der wahre Schimmelreiter. Die Geschichte einer Landschaft und ihres Dichters Theodor Storm. Hamburg 1982.
(3) Barz, Paul und Henning Berkefeld: Theodor Storm und Schleswig-Holstein. Husum 1988. (*Erlebte Literatur*).
(4) Blankenagel, John C.: Tragic Guilt in Storm's Schimmelreiter. In: The German Quarterly 25, 1952, S. 170-181.
(5) Böttger, Fritz: Theodor Storm in seiner Zeit. Berlin 1958.
(6) Brandes, Wilhelm: Von Storm und Raabe. In: Blätter für literarische Unterhaltung 2, 1888, Nr. 51, S. 806 f.
(7) Brett-Evans, David: Die späteren Novellen Theodor Storms als Vorboten des Naturalismus. In: Internat. Germ.-Kongr. 5,3 (1975), S. 309-317.
(8) Busch, Andreas: Auf den Spuren des Schimmelreiters. In: Nordfriesische Nachrichten vom 20.9.1952.
(9) Busch, Andreas: Neuer Beitrag zum Schauplatz der Schimmelreiternovelle. In: Die Heimat 67 (1960), H. 9, S. 302-305.

(10) Cowen, Roy C.: Der Poetische Realismus. Kommentar zu einer Epoche. München 1985. „Der Schimmelreiter": S. 304-316.
(11) Düsel, Friedrich: Theodor Storm. Gedenkbuch zu des Dichters hundertstem Geburtstag. Braunschweig 1917.
(12) Eckermann, Johann Peter: Gespräche mit Goethe in den letzten Jahren seines Lebens. Hrsg. von Fritz Bergemann. Wiesbaden 1955.
(13) Engels, Eduard: Geschichte der deutschen Literatur von den Anfängen bis in die Gegenwart. Bd. 2, Leipzig 1907.
(14) Eversberg, Gerd: Erläuterungen zu Theodor Storm Der Schimmelreiter, Hollfeld 1983 (2. Aufl. 1985) (= Königs Erläuterungen und Materialien. Band 192/192a).
(15) Fontane, Theodor: Schriften zur Literatur. Hrsg. von H. H. Reuter. Berlin 1960.
(16) Fontane, Theodor: Sämtliche Werke. Band 6. München 1964.
(17) Freudenthaler, Josef: Theodor Storms Schimmelreiter. Beispiel der Belebung des Unterrichts durch Dichterworte. In: Die Quelle 75 (1925), S. 624 ff.
(18) Freund, Winfried: Theodor Storm der Schimmelreiter. Glanz und Elend des Bürgers. Paderborn/München/Wien/Zürich 1984 (= F. Schöninghs Modellanalysen Literatur).
(19) Frühwald, Wolfgang: Hauke Haien, der Rechner. Mythos und Technikglaube in Theodor Storms Novelle Der Schimmelreiter. In: Literaturwissenschaft und Geistesgeschichte. Festschrift für R. Brinkmann. Hrsg. von J. Brummaack u. a., Tübingen 1981, S. 438-457.
(20) Gansberg, Marie Luise: Der Prosa-Wortschatz des deutschen Realismus. Unter besonderer Berücksichtigung des vorausgehenden Sprachwandels 1835-1855. Bonn ²1966. (1. Aufl.: 1964).
(21) Geerkens, August Wilhelm: Jean Henry Desmercieres. Flensburg 1960.
(22) Götz, O.: Storms Schimmelreiter. Ein Beitrag zur Klassenlektüre in der Berufsschule. In: Zeitschrift für Berufs- und Fachschulwesen 43 (1928), S. 179 ff.
(23) Goldammer, Peter: Einleitung zu Theodor Storm Sämtliche Werke. Bd. 1. Berlin und Weimar 1956, ⁶1986.
(24) Heitmann, Hans: Theodor Storm. Die Dichter der Deutschen. Stuttgart 1940.
(25) Hermand, Jost: Hauke Haien. Kritik oder Ideal des gründerzeitlichen Übermenschen. In: Wirkendes Wort 15 (1965), S. 40-50.
(26) Heybey, Wolfgang: Theodor Storm Der Schimmelreiter. In: Lehrpraktische Analysen, Folge 29, Stuttgart 1969. S. 3-19.
(27) Heyse, Paul und Hermann Kurz (Hrsg.): Deutscher Novellenschatz. Bd. 1. München o. J. (1871), S. XVIIff.
(28) Holander, Reimer Kay: Schimmelreiter-Land. Flensburg 1968.
(29) Holander, Reimer Kay: Wer war der Schimmelreiter? In: Nordfriesland, 9.2.1969, S. 45 ff.
(30) Holander, Reimer Kay: Der Schimmelreiter. Kommentar und Dokumentation. Frankfurt a. M./Berlin/Wien 1976 (= Dichtung und Wirklichkeit, Bd. 34).
(31) Hoppe, Karl: Der gespenstige Reiter. Eine unbekannte Quelle Storms. In: Westermanns Monatshefte 1949, H. 5, S. 45-47.

(32) Jaugey, Gesine: Schimmelreiter und Judenbuche im Vergleich. Stuttgart 1978, 5. Aufl. 1984 (= Stundenblätter).

(33) Jürgensen, Elfriede H.: Ein paar Erinnerungen an Theodor Storm. In: Theodor Storm. Gedenkbuch zu des Dichters hundertstem Geburstage. Braunschweig 1916, S. 66.

(34) Kayser, Wolfgang: Bürgerlichkeit und Stammestum in Theodor Storms Novellendichtung. Berlin 1938.

(35) Klein, Johannes: Geschichte der deutschen Novelle von Goethe bis zur Gegenwart. 4. Aufl., Wiesbaden 1960.

(36) Köhnke, Klaus: Storms Schimmelreiter. Zur Bedeutung des Rahmens. In: Deutschunterricht Südafrika 9 (1978), H. 1, S. 4-20.

(38) Köster, Albert: Prolegomena zu einer Ausgabe der Werke Theodor Storms. In: Berichte über die Verhandlungen der Sächsischen Gesellschaft der Wissenschaften zu Leipzig/Philogisch-historische Klasse. 70. Band (1918), 3. Heft, S. 1-73.

(38) Kunz, Josef: Geschichte der deutschen Novelle vom 18. Jahrhundert bis auf die Gegenwart. In: Deutsche Philologie im Aufriß. Hrsg. von Wolfgang Stammler. Bd. 2, Berlin 1954, S. 1795-1895.

(39) Kunz, Josef: Die deutsche Novelle im 19. Jahrhundert. 2. Aufl. Berlin 1978.

(40) Laage, Karl Ernst: Das Erinnerungsmotiv in Theodor Storms Novellistik. In: Schriften der Theodor-Storm-Gesellschaft 7 (1958), S. 17-39.

(41) Laage, Karl Ernst (Hrsg.): Der Schimmelreiter, Sylter Novelle. Text, Entstehungsgeschichte, Quellen, Schauplätze, Abbildungen. Heide 1970. 2., erweiterte und verbesserte Auflage 1983.

(42) Laage, Karl Ernst: Der Schimmelreiter im Danziger Dampfboot. In: Schriften der Theodor-Storm-Gesellschaft 20 (1971), S. 72-75.

(43) Laage, Karl Ernst: Der ursprüngliche Schluß der Stormschen Schimmelreiter-Novelle. In: Euphorion 73 (1979), S. 451-475.

(44) Laage, Karl Ernst: Theodor Storm. Leben und Werk. Husum 1979. 4. Aufl. 1986.

(45) Langer, Ilse: Volksaberglaube und paranormales Geschehen in einigen Szenen des Schimmelreiters. In: Schriften der Theodor-Storm-Gesellschaft 24 (1975), S. 90 ff.

(46) Lent, Clara: Theodor Storm. In: Die Frau. April 1898, S. 414-420; Mai 1899, S. 458-462.

(47) Lobsien, Wilhelm: Theodor Storms Novellen. Gedenkblatt zu seinem 20. Todestage, 4. Juli 1908. In: Die Heimat 18 (1908), Nr. 7, S. 165.

(48) Lockemann, Fritz: Gestalt und Wandlungen der deutschen Novelle. Geschichte einer literarischen Gattung im 19. und 20. Jahrhundert. München 1957.

(49) Loeb, Ernst: Faust ohne Transzendenz: Theodor Storms Schimmelreiter. In: Studies in Germanic Languages and Literatures. In Memory of Fred O. Nolte. Hrsg. von E. Hofacker und L. Dieckmann. St. Louis/Missouri 1963. S. 121-132.

(50) Lohmeier, Dieter: Jan Clausen Coott; Claus Jansen Rollwagen. In: Biographisches Lexikon für Schleswig-Holstein und Lübeck. Bd. 6, Neumünster 1982. S. 66-68 bzw. 254-256.

(51) Lohmeier, Dieter: Rollwagen – Clausen-Coott. In: Nordfriesisches Jahrbuch. Bredstedt 1980. S. 75-90.
(52) Mansholt, Teiel: Das Urbild des Hauke Haien in Theodor Storms Schimmelreiter. In: Die Literatur (Das literarische Echo) 29 (1926/27). S. 496-497.
(53) Marquardt, Doris: Erzählung und Novelle im Unterricht. In: Taschenbuch des Deutschunterrichts, hrsg. von Erich Wolfrum, Baltmannsweiler 1975, 2. Aufl. 1976, S. 394-406.
(54) Martini, Fritz: Deutsche Literatur im bürgerlichen Realismus 1848-1898. Stuttgart 1962. 2. Aufl. 1964. S. 630-664.
(55) Müller, Harro: Nachwort zu Der Schimmelreiter. Paderborn 1980. S. 95-99.
(56) Necker, Moritz: Posthuma. In: Die Grenzboten. Zeitschrift für Politik, Literatur und Kunst 48 (1889), H. 1, S. 82-88.
(57) Nissen, E.: Der Schimmelreiter von Theodor Storm in einer I. Mittelschulklasse für Knaben und Mädchen. In: Die Mittelschule 51 (1937). Beilage Der Mittelschulunterricht, Nr. 4. S. 18 f.
(58) Nommensen, Ipke: Erläuterungen zu Theodor Storms Der Schimmelreiter. 16. Aufl. Hollfeld 1962 (= Königs Erläuterungen 192).
(59) Peischl, Margaret T.: Das Dämonische im Werk Theodor Storms. Frankfurt/M., Bern 1983.
(60) Procksch, August: Der Wortschatz Theodor Storms. In: GRM 6 (1914), S. 532-562.
(61) Rezension (Verfasser unbekannt): Romane und Novellen. In: Deutsche Dichtung XI (1891/92), Stuttgart. S. 142.
(62) Rübmann, O.: Storms Schimmelreiter als Lesestoff im deutschen Unterricht. In: Zeitschrift für Deutschkunde 34 (1920), S. 290-304.
(63) Schmeißer, Felix: Der Schauplatz des Schimmelreiters. Überraschende Feststellungen zu Theodor Storms Meisternovelle. In: Husumer Tageszeitung vom 18. September 1952.
(64) Schmidt, Erich: Theodor Storm. In: Deutsche Rundschau 24 (1880), S. 31-56.
(65) Schmeißer, Felix: Der Schauplatz des Schimmelreiters. In: Das Heimatbuch der Nordfriesen. Hrsg. von H. H. Schulz, Hamburg 1958. S. 131 f.
(66) Schnaß, Franz: Theodor Storm, Der Schimmelreiter. Eine Novellenbetrachtung. In: Schulblatt der Provinz Schleswig-Holstein 80 (1932), S. 92-106.
(67) Schuster, Ingrid: Theodor Strom. Die zeitkritische Dimension seiner Novellen. In: Studien zur Germanistik, Anglistik und Komparatistik, Bd. 12. Bonn 1971. S. 174-186.
(68) Seifert, Walter: Literarische Prosaformen im Unterricht. In: Fachdidaktik Deutsch. Hrsg. von Bernhard Sowinski, Köln/Wien 1975, 2. Aufl. 1980. S. 233-253.
(69) Silz, Walter: Theodor Storm's Schimmelreiter. In: PMLA 61 (1946), S. 762-783. Deutsche Übersetzung: Schriften der Theodor-Storm-Gesellschaft 4 (1955). S. 9-30.
(70) Storm, Gertrud: Theodor Storm. Ein Bild seines Lebens. Zwei Bände. Berlin 1912.
(71) Stuckert, Franz: Theodor Storms novellistische Form. In: Germanisch-Romanische Monatsschrift 27 (1939), H. 1. S. 24-39.

(72) Stuckert, Franz: Theodor Storm. Der Dichter in seinem Werk. Halle/Saale 1940.
(73) Stuckert, Franz: Theodor Storm: Sein Leben und seine Welt. Bremen 1955.
(74) Teitge, Hans-Erich: Theodor-Storm-Bibliographie. Berlin: Deutsche Staatsbibliothek 1967.
(75) Tieck, Ludwig: Schriften. Bd. 11. Berlin 1829.
(76) Vinçon, Hartmut: Theodor Storm in Selbstzeugnissen und Bilddokumenten. Reinbek bei Hamburg 1972 (= rowohlts monographien 186).
(77) Vinçon, Hartmut: Theodor Storm. Stuttgart 1973. (= Realien zur Literatur. Sammlung Metzler, Band 122).
(78) Vinçon, Hartmut: Nachwort zu Theodor Storm, Der Schimmelreiter. München 1979. S. 300-311.
(79) Wagener, Hans (Hrsg.): Theodor Storm, Der Schimmelreiter. Erläuterungen und Dokumente. Stuttgart 1976. (= Reclams Universal-Bibliothek Nr. 8133 (2)).
(80) Walter, H.: Der Schimmelreiter als Drama. In: Der deutsche Erzieher. Beilage Hamburger Lehrerzeitung 19 (1940). S. 52.
(81) Weber, Alfred: Schimmelreiter. In: Deutsche Novellen des Realismus. Gattung – Geschichte – Interpretationen– Didaktik. München 1975.
(82) Wittmann, Lothar: Theodor Storm, Der Schimmelreiter. In: Deutsche Novellen des 19. Jahrhunderts. Frankfurt a. M. 1961. S. 50-92.
(83) Woesler, Maria: Der Rahmen im Schimmelreiter. In: Zeitschrift für Deutschkunde 54 (1940), S. 205-207.
(84) Zimorski, Walter: Theodor Storm, Der Schimmelreiter (1888). Eine Einführung in die Novelle für die Klassen 8 bis 10. Hollfeld 1986. (= Reihe Bausteine. Unterrichtssequenzen für den Literaturunterricht auf der Sekundarstufe I und II, Verl. C. Bange).
(85) Zuber, Wolfgang: Natur und Landschaft in der späten Novellistik Theodor Storms. Diss. Tübingen 1969.

5. Lehrpläne

(1) Curricularer Lehrplan für Deutsch in der Jahrgangsstufe 9 des Gymnasiums. In: Amtsblatt des Bayerischen Staatsministeriums für Unterricht und Kultus. Teil I. Sondernummer 13/1979. Ausgegeben in München am 14. Mai 1979. S. 417-431.
(2) Curricularer Lehrplan für Deutsch in der Jahrgangsstufe 10 des Gymnasiums. In: Amtsblatt des Bayerischen Staatsministeriums für Unterricht und Kultus. Teil I. Sondernummer 17/1980. Ausgegeben in München am 18. Juni 1980. S. 457-475.
(3) Lehrplan für das bayerische Gymnasium. Fachlehrplan für Deutsch. In: Amtsblatt des Bayerischen Staatsministeriums für Unterricht, Kultus, Wissenschaft und Kunst. Teil I. Sondernummer 7/1992. Ausgegeben in München am 6. Februar 1992. S. 301–371.

Zeittafel

1817	14. September: Hans Theodor Woldsen Storm in Husum, Markt 9, als Sohn des Advokaten Johann Casimir Storm (1790–1874) und seiner Frau Lucie, geb. Woldsen (1797–1879), geboren.
1818	Umzug in das Haus Neustadt 56.
1821	Umzug in das Haus der Großeltern Woldsen, Hohle Gasse 3. Ab Herbst Besuch der Klippschule.
1826	Herbst: Eintritt in die Quarta der Husumer Gelehrtenschule.
1835	Abgang von der Gelehrtenschule und ab Herbst Besuch des Katharineums zu Lübeck.
1837	April: Einschreibung an der juristischen Fakultät der Universität Kiel.
1838	Ostern: Fortsetzung des Jurastudiums an der Universität Berlin.
1839	Rückkehr an die Universität Kiel.
1840	Erste Publikation von Geschichten.
1842	Juristisches Staatsexamen in Kiel. Rückkehr nach Husum.
1843	Niederlassung als Rechtsanwalt.
1846	15. September: Eheschließung mit Constanze Esmarch (1825–1865).
1847	*Marthe und ihre Uhr*, erste Novelle Storms.
1848	Volkserhebung in Schleswig-Holstein gegen die dänische Herrschaft. Storm Sekretär des „Patriotischen Hülfsvereins“. 25. Februar: Geburt des ersten Sohnes (Hans).
1849	*Immensee* (erste Fassung). 5. Oktober: Storm Mitunterzeichner der Protestresolution der Husumer Bürger gegen die Aufhebung des Staatsgrundgesetzes.
1850	Juni: Mitglied des Wahlkomitees zur Vorbereitung der Wahl der schleswig-holsteinischen Landesverwaltung in Husum. Juli: Niederlage der schleswig-holsteinischen Truppen gegen die Dänen bei Idstedt.
1851	30. Januar: Geburt des Sohnes Ernst. – Öffentliches Bekenntnis zur schleswig-holsteinischen Volksbewegung.
1852	8. Mai: Storms Bestallung als Rechtsanwalt wird vom dänischen König aufgehoben. Dezember: Reise nach Berlin wegen Anstellung im preußischen Justizdienst. – Kontakt mit dem literarischen Verein „Tunnel über der Spree“. – Erste Ausgabe der Gedichte.
1853	10. Juni: Geburt des Sohnes Karl. 18. Oktober: Ernennung zum preußischen Gerichtsassessor. Dezember: Übersiedlung nach Potsdam. Beginn des Briefwechsels mit Theodor Fontane (März) und Paul Heyse (November).
1854	Kennenlernen J. v. Eichendorffs im Hause Franz Kuglers.
1855	10. Juni: Geburt der Tochter Lisbeth. – Besuch bei Eduard Mörike in Stuttgart.
1856	Juli: Ernennung zum Kreisrichter in Heiligenstadt. – September: Umzug von Potsdam nach Heiligenstadt.
1859	*Auf dem Staatshof.*

1860 Geburt der Tochter Lucie. – *Späte Rosen.*
1861 *Drüben am Markt* und *Veronika.*
1862 *Auf der Universität, Im Schloß* und *Unter dem Tannenbaum.*
1863 24. Januar: Geburt der Tochter Elsabe. – *Abseits.* –
15. November: Tod Friedrichs VII. von Dänemark; Erbprinz Friedrich von Augustenburg zum Herzog eines selbständigen Schleswig-Holstein ernannt.
1864 Januar: Beginn des Deutsch-dänischen Krieges.
Februar: Wahl Storms zum Landvogt durch die Ständeversammlung in Husum.
5. März: Rückkehr nach Husum (Süderstraße 12).
1865 4. Mai: Geburt der Tochter Gertrud.
20. Mai: Tod Constanzes. – *Von jenseits des Meeres; Der Spiegel des Cyprianus.*
1866 4. Juni: Einmarsch preußischer Truppen in Holstein.
3. Juli: Schleswig und Holstein preußisch nach dem Krieg zwischen Österreich und Preußen.
13. Juni: Eheschließung Storms mit Dorothea Jensen (1828–1903). – Umzug in das Haus Wasserstraße 31 (heute Museum).
1867 Ernennung zum preußischen Amtsrichter (Aufhebung des Landvogtamtes). – *Eine Malerarbeit.*
1868 4. November: Geburt der Tochter Friederike. – *In St. Jürgen.*
Erste Ausgabe der *Gesammelten Schriften.*
1870 Autobiographische Schriften.
1871 *Zerstreute Kapitel* (mit *Amtschirurgus-Heimkehr, Zwei Kuchenesser der alten Zeit* und *Eine Halligfahrt.*
1872 *Draußen im Heidedorf* (Druchbruch zu einem neuen Realismus).
1873 Weitere *Zerstreute Kapitel* (mit *Lena Wies* und *Von heut und ehedem*).
1874 Titel *Oberamtsrichter.* –
14. September: Tod des Vaters.
Viola tricolor, Beim Vetter Christian, Pole Poppenspäler, Waldwinkel.
1875 *Ein stiller Musikant, Psyche, Im Nachbarhause links.*
1876 August: Reise nach Würzburg zu seinem Sohn Hans. –
Aquis submersus.
1877 Februar: Zweite Reise nach Würzburg. – Kennenlernen des Literaturwissenschaftlers Erich Schmidt; Beginn eines Briefwechsels (auch mit Gottfried Keller).
1878 *Carsten Curator, Renate.*
Juli: Reise nach Varel zum Sohn Karl.
1879 Titel Amtsgerichtsrat. –
28. Juli: Tod der Mutter. –
Zur Wald- und Wasserfreude, Im Brauerhause, Eekenhof.
1880 1. Mai Vorzeitige Pensionierung. – Umzug nach Hademarschen; Errichtung einer „Altersvilla". –
Die Söhne des Senators.
1881 30. April: Einzug ins neue Haus. – *Der Herr Etatsrat.*
1882 *Hans und Heinz Kirch.*

1883 *Schweigen.* – Verleihung des Maximiliansordens.
1884 Mai: Reise nach Berlin. –
Zur Chronik von Grieshuus, Es waren zwei Königskinder.
1885 *John Riew, Ein Fest auf Haderslevhuus.*
1886 Mai: Reise nach Weimar. – *Bötjer Basch, Ein Doppelgänger* – Beginn der Arbeit am *Schimmelreiter.*
3. Dezember: Tod des Sohnes Hans.
1887 *Ein Bekenntnis.*
August: Aufenthalt auf Sylt; Fragment *Sylter Novelle.*
Feiern zum 70. Geburtstag. – Erkrankung an Magenkrebs.
1888 9 Februar: Abschluß der Novelle *Der Schimmelreiter.*
4. Juli: Tod Storms in Hademarschen.
7. Juli: Beisetzung in der Familiengruft auf dem St.-Jürgen-Friedhof in Husum.

Werktafel

(genannt wird jeweils das Jahr der Erstveröffentlichung)

Gedichte

Liederbuch dreier Freunde Theodor Mommsen, Theodor Storm, Tycho Mommsen (1843)
Sommer-Geschichten und Lieder (1851)
Gedichte
Separatausgaben der Gedichte von 1852 bis 1855:
1. Ausgabe: 1852
2. Ausgabe: 1856
3. Ausgabe: 1859
4. Ausgabe: 1864
5. Ausgabe: 1875
6. Ausgabe: 1880
7. Ausgabe: 1885

Märchen und Spukgeschichten

Schneewittchen. Märchenszenen (1. Szene: 1846, 2. Szene: 1885)
Hans Bär (1837 entstanden, Jahr der Erstveröffentlichung unbekannt, Zweitveröffentlichung: 1952)
Geschichten aus der Tonne (1846)
Der kleine Häwelmann (1850)
Hintzelmeier. Eine nachdenkliche Geschichte (1851)
Am Kamin (1862)
Die Regentrude (1864)
Bulemanns Haus (1864)
Der Spiegel des Cyprianus (1865)

Kleine Prosa

Der Amtschirurgus – Heimkehr (1871)
Lena Wies (1873)
Von heut und ehedem (1873)
Zwei Kuchenesser der alten Zeit (1871)
Von Kindern und Katzen, und wie sie die Nine begruben (1877)
Kulturhistorische Skizzen (1872)

Novellen *Marthe und ihre Uhr* (1847)
Im Saal (1848)
Immensee (1849)
Posthuma (1851)
Ein grünes Blatt (1854)
Im Sonnenschein (1854)
Angelika (1855)
Wenn die Äpfel reif sind (1857)
Auf dem Staatshof (1859)
Späte Rosen (1860)
Drüben am Markt (1861)
Veronika (1861)
Im Schloß (1862)
Auf der Universität (1862)
Unter dem Tannenbaum (1862)
Abseits (1863)
Von jenseits des Meeres (1865)
Eine Malerarbeit (1867)
In St. Jürgen (1868)
Eine Halligfahrt (1871)
Draußen im Heidedorf (1872)
Beim Vetter Christian (1874)
Viola tricolor (1874)
Pole Poppenspäler (1874)
Waldwinkel (1874)
Ein stiller Musikant (1875)
Psyche (1875)
Im Nachbarhause links (1875)
Aquis submersus (1876)
Carsten Curator (1878)
Renate (1878)
Zur „Wald- und Wasserfreude" (1879)
Im Brauerhause (1879)
Eekenhof (1879)
Die Söhne des Senators (1880)
Der Herr Etatsrat (1881)
Hans und Heinz Kirch (1882)
Schweigen (1883)
Zur Chronik von Grieshuus (1884)
Es waren zwei Königskinder (1884)
John Riew (1885)
Ein Fest auf Haderslevhuus (1885)
Bötjer Basch (1886)
Ein Doppelgänger (1886)
Ein Bekenntnis (1887)
Der Schimmelreiter (1888)
Die Armesünderglocke (Fragment aus dem Jahre 1888, 1913 von Gertrud Storm veröffentlicht)